演讲的艺术

8个秘诀消除恐惧

［美］迈克尔·J. 盖尔布（Michael J. Gelb） 著

王梦静 译

中国科学技术出版社

·北京·

Mastering the Art of Public Speaking: 8 Secrets to Transform Fear and Supercharge Your Career by Michael J.Gelb /ISBN:9781608686278.

Copyright©2020 by Michael J.Gelb.

Original English language edition published by arrangement with New World Library.

Simplified Chinese translation copyright 2021 by China Science and Technology Press Co.,Ltd.

北京市版权局著作权合同登记 图字：01-2021-5240。

图书在版编目（CIP）数据

演讲的艺术：8个秘诀消除恐惧 /（美）迈克尔·J.
盖尔布著；王梦静译. — 北京：中国科学技术出版社，
2022.3

书名原文：Mastering the Art of Public Speaking:
8 Secrets to Transform Fear and Supercharge Your
Career

ISBN 978-7-5046-9429-4

Ⅰ.①演… Ⅱ.①迈… ②王… Ⅲ.①演讲—语言艺
术 Ⅳ.① H019

中国版本图书馆 CIP 数据核字（2022）第 030361 号

| 策划编辑 | 申永刚 赵 嵘 | 责任编辑 | 孙倩倩 | 版式设计 | 锋尚设计 |
| 封面设计 | 马筱琨 | 责任校对 | 邓雪梅 | 责任印制 | 李晓霖 |

出 版	中国科学技术出版社
发 行	中国科学技术出版社有限公司发行部
地 址	北京市海淀区中关村南大街 16 号
邮 编	100081
发行电话	010-62173865
传 真	010-62173081
网 址	http://www.cspbooks.com.cn

开 本	880mm×1230mm 1/32
字 数	137 千字
印 张	7
版 次	2022 年 3 月第 1 版
印 次	2022 年 3 月第 1 次印刷
印 刷	北京盛通印刷股份有限公司
书 号	ISBN 978-7-5046-9429-4/H·90
定 价	59.00 元

推荐语

掌握公共演讲的艺术就等于掌握了致富、快乐、个人发展与终身学习的艺术。这是事实！我已经在80个国家和地区向700多万观众发表演讲。我的好朋友迈克尔·J. 盖尔布（Michael J. Gelb）将本行业的智慧浓缩成本书，助你更快、更容易、更聪慧地实现理想目标。运用本书深刻卓越的见解，你将收获璀璨光明的人生！

——马克·维克多·汉森（Mark Victor Hansen），
非虚构类畅销书作家，"心灵鸡汤系列丛书"合著者

迈克尔·J. 盖尔布在其经典著作《像达·芬奇那样思考》中，介绍了如何在工作、家庭或其他任何地方，运用天才的思考方法。现在，他又为组织语言与分享观点提供了一整套创新而高效的方法。不论你从事何种职业，身处哪一岗位，影响与激励他人的能力都是职场晋升的关键因素。《演讲的艺术：8个秘诀消除恐惧》不仅可以帮助你提升演讲技能，还能让你聆听内心真实的声音，从而扩大个人影响力，促进自我发展，成为卓越的领导者。

——基思·法拉奇（Keith Ferrazzi），畅销书《别独自用餐》（*Never Eat Alone*）、《无权威领导 》（*Leading without Authority*）作者

不论在生活还是工作中，本书将助你成为个人观点与理想的有力倡导者。这种向一个人或者一千人进行有效的自我表达的能力，是人们在销售、领导和生活中取得成功的关键。若公共演讲令你感到恐惧，则本书非常值得一读，它为你提供了转化恐惧、提升自信的"灵丹妙药"。对于每个想要投资自己，提高自身说服力、影响力、激励水平的人来说，本书都是一本必读书目。

——蒂法妮·博瓦（Tiffani Bova），
《增长智商》（*Growth IQ*）作者

迈克尔·J. 盖尔布汇集三十余年演讲经验写成此书，分享给涉足公共演讲领域的读者。对演讲不自信或恐惧者，你将在本书中找到共鸣，并获得行之有效的解决方法。本书为你提供了绝佳的行动指南，助你构思并打磨演讲内容。对于演讲中一些常被忽视的问题，你也可以在本书中找到答案。最能引起共鸣的是迈克尔处理紧张情绪的方式，我们要做的是利用而非消除紧张感。

——莎朗·莎兹伯格（Sharon Salzberg），
《一平方米的静心》（*Real Change*）作者

迈克尔·J. 盖尔布在本书中提供了一套简单易懂、循序渐进的方法，帮助读者释放天生的魅力。通过本书你可以发现真正的沟通者、真正的自己。迈克尔对我的演讲生涯产生了意义深远的影响，感谢他的帮助，我有幸将本书中许多原则运用到演讲中去，因而得以更完整、更轻松地向观众传递我的思想。这本精彩而珍贵的书适用于所有人！

——东尼·博赞（Tony Buzan），
世界脑力奥林匹克运动创始人，思维导图之父

迈克尔·J. 盖尔布基于对人脑的深刻理解提出八大演讲技巧，《演讲的艺术：8个秘诀消除恐惧》是每一位对沟通艺术感兴趣之人不可错过的读物。

——彼得·罗素（Peter Russell），
《脑之书》（*The Brain Book*）作者

《演讲的艺术：8个秘诀消除恐惧》是部杰作！迈克尔·J. 盖尔布在本书中给予的指导充满智慧，切实有效，助你释放演讲潜能。不论你初出茅庐，还是身经百战，若想成为一名出色的公共演讲家，本书是必读书目！

——金伯利·拉马克·奥尔曼（Kimberley LaMarque Orman），
福坦莫大学加贝利商学院教授

迈克尔·J. 盖尔布通过《演讲的艺术：8个秘诀消除恐惧》这本书，分享了他丰富的知识、经验，详细介绍了掌握

公共演讲艺术的八大秘诀，书中引用的故事令人信服、鼓舞人心。阅读此书会产生一种纯粹的快乐，会使你受用终身。

——布莱恩·韦勒（Brian Weller），
著名插画家、职业演讲家

🎤 序
演讲之前，先建立联系

　　我是一名职业演讲家。四十多来年，人们一直请我做有关创造力、创新力和领导力的有偿演讲。在此期间，我掌握了不少演讲技巧，即面对不同的观众，如何开展一场卓有成效的演讲。同时，我也是名专业的高管教练。多年来，我帮助众多客户克服恐惧、提升自信、保持镇静，由此，他们才能传达出引人入胜、寓意深刻而又令人难忘的信息，有些信息还涉及重大利益关系。

　　我很喜欢以这种方式帮助他人。原本害怕公共演讲的客户，在我的指导下，将恐惧转变为自信，迈上了职业发展的新台阶，这样的事情妙不可言。在本书中，你将学习公共演讲的8个秘诀。运用这些秘诀后，人们成功转化了对公共演讲的恐惧，迎来更光明的职业发展前景，这就是本书副标题"8个秘诀消除恐惧"的由来。

　　客户请我做演讲培训，或是为了成功签下数百万美元的合同，或是为了激励数千名员工在困难时刻凝心聚力，向更高的目标迈进。这些心怀抱负者经过培训后，都成了出色的公共演讲家。

对我的许多客户来说，能够在日益庞大的群体面前进行有效演讲的能力是其成功的秘诀，也在多数情况下成为他们事业的转折点。现在，许多客户需要学习利用各类网络平台或软件，联系并影响观众。掌握那些能够提高面对面演讲有效性的原则和方法，在进行线上演讲时，将变得更加重要。

我写的所有书都回答了一个简单的问题：什么样的技能、能力或视野是人们所需要的且是我最了解的？

几年前，我给出的答案是"关系建立"。2017年，美国新世界图书馆出版了《联结的艺术：领导者需要的七大关系建立技巧》（*The Art of Connection: 7 Relationships-Building Skills Every Leader Needs Now*）。这本书有力地证明了与他人建立良好的关系是提升领导力的秘诀，也有利于促进健康、提升幸福感并延长寿命。

《联结的艺术：领导者需要的七大关系建立技巧》中介绍了关系建立的基本技巧，为本书打下基础。联结的核心原则可以用一句拉丁语格言来表述——Conjungere ad solvedum（解决问题之前，先建立联系）。换句话说，一旦与他人建立起友好关系、达成联盟，看到人类的共通之处，那么发挥创造力、提出具有创新性的解决方案就会变得更加容易。

这一原则同样适用于公共演讲。本书的格言是：

Conjungere ad orationem

（演讲之前，先建立联系）

通过协调神经系统与自己建立联系（本书中你将学习的重要秘诀），并向观众阐明演讲内容和目标，你便能与观众建立联系，培养融洽的关系，从而将恐惧转变为热情。

事先阅读《联结的艺术：领导者需要的七大关系建立技巧》，有助于更好地理解本书。如果没读过，也别担心，这不是阅读本书的必要前提。但读完此书，不妨再去读一读《联结的艺术：领导者需要的七大关系建立技巧》，你会发现两者搭配阅读效果更好。

插图说明 🎤

　　在本书中，你将学习如何借助思维导图来构思与组织演讲。我在准备演讲或者写书（包括此书）时，都会利用思维导图。绘制思维导图时，最好每行只放一个关键词，同时遵照本书秘诀3介绍的绘制经典思维导图的其他准则。本书每一部分都附有思维导图状的插图，这些图片出自著名插画家、职业演讲家布莱恩·韦勒之手，以总结相关内容并提供学习指南，便于读者理解和记忆。这些总结性的插图涵盖了各部分的要点和关键语句，帮助读者记忆并应用掌握公众演讲艺术所需的关键技巧。

致谢

　　本书谨献给东尼·博赞先生。1975至1980年，博赞定期会在家中或附近的中餐馆召开学习方法小组会议，会议主要就人脑思维、艺术、自然科学、哲学等话题展开辩论，同时探讨如何激发人类潜能。小组中的许多人后来都成了杰出的作家、艺术家、思想领袖、企业顾问和公共演讲家，其中包括彼得·罗素、马克·布朗（Mark Brown）与布莱恩·韦勒。

　　自1979年以来，我每年都会去加利福尼亚州参加亚历山大技巧静修营。2020年1月，为期五天的静修结束后，我准备先到加利福尼亚州蒂伯龙小镇与朋友待上几天，然后再去伊萨兰学院教书。前往蒂伯龙的路上，我收到了一条语音信息，虽然是个陌生号码，但我一下子就听出了四十多年前那个浑厚的嗓音：布莱恩·韦勒。布莱恩就在我朋友家附近，机缘巧合，我们得以再次相聚。我们不仅回忆了美好的过往，还决定展开新的合作，这本书的插画便出自布莱恩之手。感谢上苍让我们再聚首，当然也感谢布莱恩为本书所做的卓越贡献。

　　此外，我亦感谢：

　　我的亚历山大技巧静修营的同伴，尤其是贝雷特·阿尔卡亚（Beret Arcaya）、卡伦·拜尔（Caren Bayer）、迈克尔·弗雷德里克（Michael Frederick）和斯泰西·锡耶纳（Stacy Siena）。

影响力、销售方面和语言学等领域的权威专家，包括罗伯特·西奥迪尼（Robert B. Cialdini）、塔米·盖尔斯（Tammy Gales）、史蒂夫·利尚斯基（Steve Lishansky）、哈维·麦凯（Harvey Mackay）、杰里米·尼科尔森（Jeremy Nicholson）、丹·平克（Dan Pink）、史蒂芬·平克（Steven Pinker）和杜安·斯帕克斯（Duane Sparks）。

所有为本书做出贡献的人，包括埃德·巴塞特（Ed Bassett）、斯蒂芬妮·塞萨里奥（Stephanie Cesario）、吉姆·达戈斯蒂诺（Jim D'Agostino）、琼·盖尔布（Joan Gelb）、桑迪·盖尔布（Sandy Gelb）、克里斯·希尔曼（Chris Hillmann）、彼得·罗素和伊娃·赛尔哈布（Eva Selhub）。

新世界图书馆的优秀团队，包括杰森·加德纳（Jason Gardner）、咪咪·库什（Mimi Kusch）和莫尼克·穆伦坎普（Monique Muhlenkamp）。

还有令人称奇、无与伦比的黛博拉·多曼斯基（Deborah Domanski）。

🎙️目录

公共演讲：第一大恐惧，第一项技能

传奇人物沃伦·巴菲特（Warren Buffett）被称作"Oracle of Omaha（奥马哈的神谕）"，最近有人问他，我们个人能做的最好投资是什么？巴菲特既没有建议购买伯克希尔·哈撒韦公司❶（Berkshire Hathaway）的股票，也没有建议投资房地产。相反，他回答称："投资你自己。"

具体怎么做呢？巴菲特解释道："要想身价增值超过50%，一种简单的方法就是提升自己的沟通技能，包括口头沟通能力和书面沟通能力。"他补充说，"或许你拥有世界上一切智慧，但你需要将其传播出去，而传播就是沟通。"

和写作一样，公共演讲被视为最有效的传播方式之一。想要促进职业发展，公共演讲是你可以培养的第一项技能。这种向一个人或者一千人有效传达自己观点的能力，也是在工作中取得成功的关键。

有效演讲的基本要素还能促进个人幸福感的提升。

如何开口要自己想要的东西？怎样才能提出别人可以轻

---

❶ 伯克希尔·哈撒韦公司是由巴菲特1956年创建、主营保险业务的公司。——译者注

易满足的请求？获得幸福感最简单的方式，就是弄清楚我们最大的需求是什么，同时让别人帮助我们实现这些需求。要想做到这点，就得培养相关技能，为我们想要的东西代言。

如果我们想让世界变得更美好，这些演讲技能也同样重要。不论是助力保护地球，为慈善机构募款，还是捍卫弱势群体的权利，都需要提升演讲说服力，让观众记住你的演讲。

在本书中，你将学习简单、有效且实用的方法，来提升各类场景下公共演讲的有效性，这些场景包括工作面试、专业演讲、婚礼祝福、致悼词等。你将学习令他人和自己都感到自然愉快、充满乐趣的演讲方式；你将学习劝说、吸引、影响、激励和感召他人的演讲技巧，从而在个人生活和专业领域成为自身观点及理念的有力倡导者。

正如巴菲特所言，写作能力也很重要，和公共演讲相比，写作可能带给人们的恐惧和抵触情绪要少一些。但是，学好演讲要比学好写作重要。因为一旦你升任更高职位，可能有权委派他人为自己撰写文书，但公共演讲必须亲自上阵，无法找人代劳。

彼得原理：
每位职工都趋向于上升到他所不能胜任的地位

1969 年，早在漫画《呆伯特》（Dilbert）出版和喜剧《办

公室》(*The Office*)播出之前，美国管理学家劳伦斯·彼得
(Laurence J. Peter)便提出：在一个等级制度中，每位职工
都趋向于上升到他所不能胜任的地位。在其经典著作《彼得
原理》中，彼得讽刺而精准地解释了官僚组织变得效率低
下、人浮于事的原因。他写道："即便现状早已发生改变，
官僚主义还在捍卫所谓的现状。"

　　无论在企业就职还是自己创业，很多人会因为无法进
行有效表达、说服或激励他人，而发现自己处在"不能胜任
的地位"。有的人擅长一对一沟通，但并不擅长对几个人交
流；有的人对几个人交流时应答自如，但一想到要对几十个
人讲话就怯场了；有的人对几十个人讲话还能感到自在舒
适，但一想到要向几千人发表演讲就变得恐慌起来。

　　随着个人地位的提升，演讲技巧变得愈加重要。如果
想继续提升个人地位，便需掌握卓越的演讲技巧。

　　你必须把自己的想法推销出去，才能将其落实。同
时，与他人进行有效交流，可以帮助你充实和完善自己的想
法。将复杂的想法用简单有力的话语表达出来，这一过程可
以帮助你厘清思路。

　　掌握公共演讲的艺术是提高领导能力、获得成功的
关键。

　　许多受过良好教育、工作勤奋努力的人，由于未能掌
握这一艺术，职业发展停滞不前。而另一部分人，通过培养
公共演讲这一必备的领导能力，成为各自领域的佼佼者。

一位金融分析师被提拔为主管，负责价值数十亿美元的养老基金，就是因为他对不同行业的现状做了一系列汇报。当时，他的上司要求研究团队准备八次汇报，他志愿做了第一次。第二次没人愿意上台，他又自告奋勇。余下几次汇报都是如此，不久之后，他便晋升了。后来，他又升任股票投资总监，几年后成为公司副总裁，负责整个基金项目。他认为自己的成功与其为掌握公共演讲的艺术所付出的努力密不可分：

> 我花了很长时间提升沟通与公共演讲技巧，这是在职场中将我自己与竞争对手区分开来的重要手段，主要体现在三个方面：第一，每次做汇报之前，我都会认真聆听并洞察客户需求，由此建立客户信心，取得他们的信任；第二，通过规定自己说话必须简洁明了，我完善了演讲思路，使其更具针对性；第三，学习运用创新性和趣味性的方式传递信息，确保客户不会轻易忘记我所汇报的内容。

当一群人专业技能相当时，沟通能力便显得尤为重要。擅长沟通的人往往能够脱颖而出，得到提拔，或者拥有更多发展机遇。

很多人专业能力与岗位匹配，却因为无法与他人建立联系，无法激励他人，发现了自己的"彼得原理"，或者意识到自己正处于"不能胜任的地位"。无论你受过多好的教育，多么富于创新，你必须学会有效传递自己的想法才能将其落实。而且，随着人们越来越依赖电子设备进行沟通，线上演讲的能力变得愈加重要。

然而，尽管目前与提升演讲能力有关的建议目不暇接，但往往这些建议都枯燥乏味，鲜有成效。

产生这种结果主要原因有两个：恐惧和无知。恐惧导致许多人拒绝学习演讲，因而对演讲一无所知。另外，还有些人根本不知道演讲是一项可以培养的技能。

许多图书、研讨会与网络课程提出的恐惧管理方法，强调演讲者只要演讲时不感到尴尬就行，这是它们的症结所在。如果我们只是想"熬过"那段时光，那么整个演讲将变得徒劳无效。

一旦内心被恐惧占据，便很难与观众建立联系。不幸的是，当我们无法与观众建立联系时，就更可能感到恐惧，由此形成了长期的恶性循环。

那么为什么人们普遍害怕公共演讲呢？我们又该如何克服这种恐惧？

公共演讲：比死亡还可怕？

《泰晤士报》（*The Times*）科学版面曾刊登了一篇名为《对大多数人来说，公共演讲比死亡更可怕》（*Speaking in Public is Worse than Death for Most*）的专题文章。文章指出：

"研究者对常见的恐惧症进行调查，结果表明，很多人曾想过宁愿去死也不愿在公开场合讲话。根据当今社会最普遍的恐惧症排名，人们更惧怕的是公共演讲而不是死亡。"

许多调查将公共演讲列为人类恐惧症之首，排在核战争、金融危机和遭遇抢劫之前，而死亡通常排名第四至第七位。换句话说，大部分人宁愿躺在棺材里，也不愿致悼词。（当然，听我这么一说，你可能会愿意致悼词了！）

这种对公共演讲的恐惧，有个专门的术语叫作"公共演讲恐惧症"。美国国家心理健康研究所的数据显示，74%的美国人患有公共演讲恐惧症。

为什么人们如此害怕公共演讲呢？

《风险的真相》（*The Real Story of Risk*）作者格林·克罗斯顿（Glenn Croston）曾撰文分析这一恐惧的由来："当我们站在人群面前时，常会浑身冒冷汗，因为我们害怕遭到拒绝。原始社会时期，这种恐惧并不仅仅源自我们害怕尴尬，害怕被人评头论足。我们更怕的是遭到社会群体的拒绝和排斥，最后只能自我防卫。"时至今日，我们依然非常害怕被群体排斥，相较而言，死亡似乎变得不可畏了，这大概是因为在远古时代，被踢出群体可能真的意味着被判处了死刑。

由于害怕受到观众排斥，害怕可能出现的尴尬和羞辱，公共演讲带来的恐惧成为日常生活中直接而不容忽视的压力，常常让人们避之唯恐不及。有些人不得不上台演讲，他们咬紧牙关，就像死刑犯走向绞刑架一样，朝麦克风走去。这些人目光呆滞、动作僵硬、语调呆板，躲在讲台后面试图忽视、压抑或否认自己的恐惧。如果是TED[1]式的演讲，现场没有讲台，他们就会使劲背稿、过分排练，缺乏真情实感。

公共演讲恐惧症十分普遍。如何才能克服这种紧张情绪？怎样才能将恐惧转变为热情？有没有什么方法可以呈现让自己和观众都感到自然甚至是快乐的演讲？

答案是：有！我会用已经验证的方法带你解决上述问题。但在此之前，首先要明白，感到恐惧没有关系，这是一种正常的心理现象。解决问题的关键在于将恐惧转为能量与热情，而不是口干舌燥、四肢发软。一旦学会利用恐惧的力量，你就会意识到它其实是你的朋友。不被恐惧胁迫，而是学着与恐惧共舞，可以让你头脑清醒、注意力集中。

很多专业的演讲者和出色的演员在演讲或表演之前都会感到紧张，但他们并不会去消除这种紧张情绪，而是试着管理这种情绪。

著名演员兼歌手戈登·古德曼（Gordon Goodman）曾有过一次舞台事故，这严重打击了他的自信心，并使他对舞台

---

[1] TED指技术（technology）、娱乐（entertainment）、设计（design）在英语中的首字母缩写。是美国的一家私有非营利机构，诞生于1984年。该机构以它组织的TED大会著称，这个会议的宗旨是"值得传播的创意"。——译者注

产生了恐惧。于是，他开始研究职业表演者中普遍存在的舞台恐惧症。古德曼发现，超过80%的优秀职业演员在其职业生涯的某些阶段都曾经历过舞台恐惧。

许多知名演员或歌手都称自己曾在演出前感到非常紧张，例如阿黛尔（Adele）、罗温·阿特金森（Rowan Atkinson）、塞缪尔·杰克逊（Samuel L. Jackson）、哈里森·福特（Harrison Ford）、詹姆斯·斯图尔特（James Stewart）、梅根·福克斯（Megan Fox）、雪儿（Cher）、约翰·列侬（John Lennon）、阿曼达·西耶弗里德（Amanda Seyfried）、费欧娜·艾波（Fiona Apple）、芭芭拉·斯特赖桑德（Barbra Streisand）和劳伦斯·奥利维尔（Laurence Olivier）等。换句话说，如果你正在设法克服舞台恐惧症，那你可找到组织了！

如何调节紧张情绪？这将是我们共同探究的重要问题。本书中的每句话，都旨在帮助你将恐惧和焦虑转变为自信与热情。

清晰与气场

在深入学习本书介绍的8个演讲秘诀之前，我们首先要理解，掌握公共演讲的艺术取决于两大简单的要素：清晰（clarity）与气场（presence）。

清晰：明确演讲的内容以及发表演讲的原因。

气场： 运用演讲技巧，发表最有效、最令人难忘的演讲。

当你知道要说什么、为什么要说以及如何去说，便会发现自己不再感到恐惧，能够轻松投入地与观众交流互动。

清晰和气场这两个词常与美国畅销小说作家汤姆·克兰西（Tom Clancy）所著的一本书《明显而即刻的危险》（*clear and present danger*）联系在一起。这本书后来被改编成了电影（中文名为《燃眉追击》），由哈里森·福特等人主演。后来，"明显而即刻的危险"又为时任美国联邦最高法院法官奥利弗·温德尔·霍姆斯（Oliver Wendell Holmes）所用。霍姆斯在限制言论自由的争论中，创设了"明显而即刻的危险"原则。他认为，美国宪法第一修正案不会保护一个在剧院里谎称失火的人，因为这会造成"明显而即刻的危险"。

如果你不能在剧院或者会议室发表有效演讲，那么可能将面临被解聘的风险。在本书中，你将学习如何保护自己，化解这一危机。正如法官霍姆斯所言，言论自由并不意味着你可以想说什么就说什么，开口之前一定要考虑场合。他用了"谎称着火"的比喻，易于人们理解，同时也十分吸引人，令人印象深刻。这种表达方式可以让论点变得条理清晰，富有逻辑，具有很强的说服力。你将在本书中学习这种表达方式。

人们演讲的大部分问题都出在没有做正确的准备，不清楚自己想要传达什么信息，也不明白为什么这些信息对观众来说是重要的。简单来说，如果连你自己都不知道自己在讲什么，为什么要讲这些内容，那你就不应该进行这次演讲。

一旦明确了演讲内容，你就可以开始找寻其中的乐趣。因为在准备的过程中，你可以构思创造性的演讲方式，吸引观众的注意力，让他们难以忘怀。

在这里我要告诉你，你可以掌握公共演讲的艺术，这是每个人都可以学习的技能。是的，也许有的人天生擅长演讲，有的人一上台就不知道说些什么；有的人渴望成为焦点，也有的人不喜欢受到过多关注。但不论你的天赋或偏好是什么，不论你是外向还是内向之人，都可以学习演讲的技巧。也许之前你养成了一些不良习惯，干扰了你天生的沟通才华，在本书中，你将学习如何摒弃这些坏习惯。每个人都有与生俱来的表现力和独特的魅力，通过阅读本书，你将重塑这些特质。

虽然掌握公共演讲的方法简单易懂，但运用起来并不容易。许多演讲指南称"做你自己就好了"，似乎这是件很简单的事。但其实每一个人都是立体而多面的，而且很多面都被我们自己隐藏了起来。最好的演讲者会培养一种识别能力，将自己最好的一面展现在观众面前，这反过来也有助于我们理解如何提高现场观众的参与度。

真实与虚假

英文单词authentic来自词根auto（自我）和entea（工具），意思是"真实的，原创的，值得信赖的，可靠的"。自我是最原始的沟通工具，演讲者的可信度与观众感知到的真实性直接相关。

你是谁，比你说了什么更重要。

一位记者曾向印度圣雄甘地（Mahatma Gandhi）的私人秘书马哈德夫·德赛（Mahadev Desai）提问，"为什么甘地在不看稿子或笔记的情况下，还能让观众沉浸其中，进行长达数小时的演讲？"德赛回答："甘地的思想、言语、行动总是一致的，他不需要笔记。"这就是自我一致性和真实性的力量。为了改变世界，甘地利用这种力量转化了对公共演讲的恐惧。类似的例子还有托马斯·杰斐逊（Thomas Jefferson）、索杰纳·特鲁思（Sojourner Truth）、亚伯拉罕·林肯（Abraham Lincoln）、马拉拉·扎伊（Malala Zai）和温斯顿·丘吉尔（Winston Churchill）等。

自我一致性需要人们对其内在进行协调，但许多人不愿这么做，于是他们便假装真实，沉湎于虚假的真实性中。目前，"假装真实"现象正在兴起，大量的广告和营销手段向消费者暗示，如果你喝了某种品牌的威士忌或啤酒，驾驶特定的汽车或摩托车，或是穿戴上某一时尚单品、手表或项链，那么你就会成为强健而富有魅力之人。

然而，文身、蓄胡须、剃光头或者使用某种产品等，无论把我们自己打扮成什么样，都不会增强自身的真实性。我们可以通过任何方式来表达自己，只要不损害他人利益，但也应该清楚，真实与外在表现并无太大关系。

穿着某种款式的衣服可能很时尚，也有助于我们与特定群体产生共鸣。但这并不意味着真实，也不意味着"做你自己"。美国职业篮球联赛（NBA）前运动员查尔斯·巴克利（Charles Barkley）曾说："这是我的新鞋，很好的鞋子。但是你穿上这双鞋，既不会变得像我一样有钱，也不会像我一样会抢篮板，更不会变得像我一般帅气。你只是穿上了和我一样的鞋子，仅此而已。"

最近另一种假装真实的趋势是大量使用脏话，而这似乎成为登上热门榜单的关键。有调查表明，偶尔使用脏话会让观众觉得演讲者真诚、接地气，但从长远来看，思维缜密、聪明睿智、考虑周到的演讲者形象更受欢迎。因此，你最好克制住讲脏话的冲动。

想要成为一名演讲者，首先必须成为你自己。

美国杰出的组织理论、领导理论大师沃伦·本尼斯（Warren Bennis）在其经典著作《成为领导者》（*Becoming a Leader*）中强调，对真实性的追求是领导力的核心。想要成为出色的公共演讲者，你必须学会说出真实的自己。

当今社会，认识或者成为你自己并不容易。增强自我真实性，培养出色的演讲能力，是个人终身成长过程中的一部分。

总结一下本部分的内容：想要发表出色的演讲，简单的方法就是明确演讲的内容和目的，然后采取创造性的表达方式，吸引观众注意力，令其印象深刻。最卓越的演讲者能把对演讲主题的掌握与真实有效的自我表达融为一体。调查、准备与练习为呈现自信而又自然的表达奠定了基础。哲学家伏尔泰（Voltaire）曾说过："当一个人无话可说时，一定说得十分拙劣。"如果不知道自己的演讲主题，你一定会感到紧张。但另一方面，你也不可能什么都知道，即使杰出的演讲者和领导者也依然可以坦言"我不知道"。学会在任何场合下与不同的观众建立联系，是公共演讲的第一个秘诀。

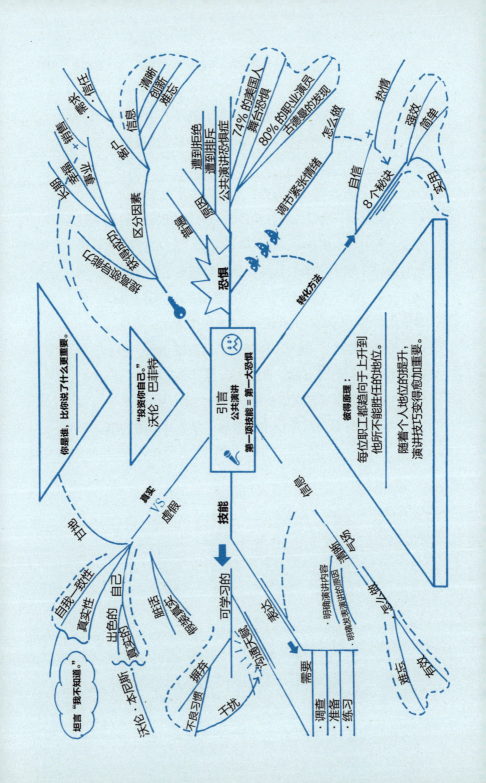

秘
诀

进入心流状态，
像专业人士一样思考

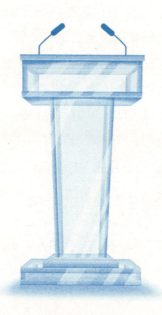

我享受成为一名职业演讲家。

在舞台上，在成百上千人面前，我会进入美国心理学家米哈里·契克森米哈赖（Mihaly Csikszentmihalyi）所描述的心流状态。除了演讲，我不想做其他任何事情，也感知不到时间的流逝。同时，我感到轻松自如，精神愉悦，与观众融为一体（即使感知不到时间的流逝，我仍然会留意时间，因为按时开始和结束十分重要）。

我在一个能说会道的意大利犹太家庭长大，家里每个人似乎总在同一时间说话，我由此学会了自信而明确地表达自己的观点。1970年在巴塞克高中就读时，我被选举为班级辩手。1972年，我的弟弟肯恩（Ken）也获得了同样的认可。

成为一名职业演讲家就像美梦那般不真实。当我进场时，人们热烈鼓掌；演讲时，人们专注听讲；演讲结束鞠躬致谢时，人们会再次鼓掌，有时甚至起立欢呼。他们常常会提些礼貌而周到的问题，随后支付我一大笔报酬。

我已经做过几千场有偿演讲。最短的是为一家大公司的产品发布进行8分钟的主旨发言（这是我每分钟收入最多的一次），最长的是参加持续三周的投资银行家领导力静修营。我已在三十多个国家做过演讲，观众群体多样化，数量不一，人数最多的一次达一万多人。我欢迎各种规模的观众群体，观众越少，人际交流越直接；观众越多，则可以激发

演讲的艺术
8个秘诀消除恐惧
演讲日记本

中国科学技术出版社
·北京·

撰写演讲日记

　　经过几次培训后，多数团队能够将高效能反馈方案内化，开始独立运用，使之成为组织文化的一部分。另一好处是，人们也可以将这套给予和接收反馈的方法用于演讲之外的领域。

　　作为高效能反馈方案的一部分，我们还要求每个人撰写演讲日记、计划，评价演讲，为反馈过程赋能。

　　演讲前，在日记里写下观众、演讲目标、会场环境、演讲内容等相关信息。每次演讲结束后，客观评价演讲优缺点，并记录下来。

　　参考下文内容来建立高效能演讲日记。然而，光写日记还不够，更重要的是定期回顾，后者有助于树立高绩效的学习态度，实现演讲技能的突飞猛进。

准备

　　使用本模块来准备演讲，事后回顾并添加评论。

　　准备内容包括：

演讲思维导图

观众画像（人数、期望、性别等）

演讲目标（所知，所感，所为）

观众可能提出的问题及反对意见

演讲开始与结束时间

主持人安排

其他管理安排

详尽的会场环境核查表，如表1所示，制作自我反馈表，如表2所示。

表1　会场环境核查表

要素	评论
灯光	
空气质量/室温	
座位布局	
讲台位置	
会场装饰（鲜花、绿植等）	
背景音乐	
视听设备	
热身（空间/时间安排）	
其他	

针对表2各项进行自我评分（1~10分），并给出相应评论。

表2　自我反馈表

项目	评分									
	1	2	3	4	5	6	7	8	9	10
目标实现情况										
视听设备使用情况										
站姿										
手势										
行姿										
声音										
整体肢体语言										

需要改进之处：

优点：

下次我会做出哪些改变：

自我舒适与享受程度：

总体评论：

　　将演讲日记、思维导图与收到的评价表单独放在一个文件夹里。针对自我反馈清单中的问题，即使不动笔写下来，仅在脑海中过一遍，也能有所收获。练习，反思，改进，从中找寻乐趣，享受这一过程！

演讲日记本使用说明

  没有人可以仅通过阅读就成为职业演讲家，只有不断练习书中提供的技巧并且复盘演讲，下次才会讲得更好。

  日记本中提供了详细的演讲前准备材料及复盘材料，帮助你科学评估自己的演讲。扫描图书封底的"中科书院微信公众号"二维码，还可以领取电子版材料哦！

更多能量。

过去这些年，我在工作中也经历了不少意外与波折。停电、火警警报和突发心脏病（不是我本人）都曾中断过我的演讲。膝盖手术做完不到一周，我就上台演讲；有次顶着39℃的高烧，我还坚持站在台上。我从来没有错过任何一次有偿演讲，也没有迟到过。有一次，由于航班取消，行程推迟，我连夜从英国伦敦飞到南非开普敦，到那已经是9点，而11点我就要给800多名生物化学家做主题演讲。之后，我又要赶15点的飞机前往希腊雅典，准备第二天为那里的公司总裁做演讲。我曾在演讲当天遇到客户公司宣布大规模裁员和关闭工厂。还有几次，由于客户遇到紧急事件，距开场不到5分钟我才被告知要将演讲时间缩短一半以上。此外，很多时候我的观众并不是自愿前来参加的，而是受到公司委派而来的，往往不太情愿出席。

虽然过程曲折，但我仍然坚持与各个群体交流观点和方法，激发他们的创造性、创新性，提升他们表达的有效性，努力与他们建立联系，为其提供最大价值。

本章的重点是以一种自然、真实而愉悦的方式，帮助你学习如何在线上或线下清晰地表达自己的观点。在这一过程中，你将学习相关技巧，让你的沟通变得更具创造性、创新性和有效性，不论是正式沟通还是非正式沟通，专业沟通还是人际沟通。

成为公共演讲大师的奥秘是什么？有哪些知识是专业

人士熟知但大多数人不甚了解的？让我们带着这些问题，开始学习。

职业化思维：
像职业演讲家一样思考与准备

你的职位是什么？

最近，我参加了一家技术公司营销与销售部门的研讨会。会上发言时，我随机向几位参会者询问了其职位名称。有人回答："客户信息采集专员。"有人说："市场策略总监。"还有人称："营销副总裁。"

我接着说道："从现在开始，如果有人问你的职位名称是什么，我希望你能够这么想：'我是客户信息采集专员与职业演讲家''我是市场策略总监与职业演讲家'，或者'我是营销副总裁与职业演讲家'。"

我不建议你现在大声说出来，但我非常希望演讲家能够成为你的职业身份之一，因为公共演讲的技巧会在很大程度上影响你从事这些工作的能力。一旦把自己当成职业演讲家，你就会开始做职业演讲家会做的事情，即持续学习和提高演讲能力，而不是仅仅把重点放在完成演讲这件事上。

之所以优先介绍这一秘诀，是因为只有掌握了该秘诀，才有可能应用本书提到的其他内容。用职业化的思维方式武装头脑，采取专业人士的方法原则，你会发现自己的自

信心、技能和效率都有所提高。你对自己的期待构成了自我
实现预言，这将带来积极的影响。

不擅长演讲的人往往认为自己是糟糕的发言者，因此
不做任何准备。他们既不懂得寻找机会提高自己的演讲能
力，也不会留心去发现身边的故事、玩笑、新闻以及其他可
以让演讲变得有趣的信息。相反，职业演讲家为其具备的公
共演讲技巧而感到自豪，习惯抓住每次练习和提高的机会。
他们一心想成功，因而总在搜集资料、形成观点、反复评估
等，以丰富其演讲内容。职业演讲家不会因为害怕公共演讲
而选择逃避，也不会被吓呆，而是善于接纳和拥抱内心的这
种恐惧。

以下三项简单而实用的技巧，可以帮助你培养职业化
思维。

理解你的观众

职业演讲家不会过于担心自身，而是专注与观众共
情，理解他们的紧张情绪。

几年前，我受邀在8000多名保险销售人员参加的会议
上发表主题演讲。这家保险公司的董事向我提出一个有趣的
挑战：他们想让我把发言稿做成脚本，投放到提词器上，照
着读。我解释说，这个演讲与创新有关，自然需要些即兴创
作的东西，照本宣科是行不通的。我理解他们需要掌控全
程，确保会议不出意外，因此我就给他们提供了一份详细的

演讲提纲。

按计划，我是倒数第二位演讲者，最后一位出场的是美国前第一夫人芭芭拉·布什（Barbara Bush）。后台气氛紧张，特勤人员四处巡查，现场观众满怀期待。但我依然镇定自若，做一些缓解紧张情绪的练习（你将在"秘诀7"中学习这一方法），每次重要场合发言之前我都会这么做。接着，就在我准备上台的时候，这家保险公司的董事神情严肃地朝我走来，一本正经地在我耳边说道："别胡闹！"我向他笑笑，想了想说："啊，感谢您及时而具有启发性的建议，我差点就搞砸了一切。您的提醒非常明智，是您救了我。"但随后我也意识到，这些保险人员过于偏好风险控制了，"他们确实需要学习创造性的思考方式，就让我尽我所能帮助他们吧。"我想。

职业演讲家知道转化恐惧的诀窍。大多数场合中，不论是家长会还是公司会议，参会者都会感到紧张。不然为何很多人留着前排的空位不坐，而躲到后排去呢？也许他们还记得在毫无准备的情况下被老师叫起来回答问题的窘迫。无论出于什么原因，集体场合会放大这种窘迫感。作为演讲者，你负责把控全场，因此必须照顾好观众，帮助他们放松心情，享受演讲。此外，请将注意力从自己身上转移到观众需求上，只要你专注于实现为观众设定的目标，便能将内心的焦虑转化为热情，从而与观众建立起联系，更好地为他们服务。

理解观众、关注观众需求能够促进交流，发挥领导力。

反之，如果一心只想着把演讲做好，而不顾及观众感受，那么恐惧便无法得到转化，人们只会盼望着演讲早点结束。

理解联结的艺术

职业演讲家明白，与观众建立并维护友好的关系有助于信息传递，有助于在场每个人保持愉悦的心情，享受演讲全程。

职业演讲家以"演讲之前，先建立联系"为准则。联系，或者说友好关系，主要是本能反应在起作用。每当我们遇见一个陌生人，我们的大脑就会下意识地做出判断："这个人是朋友还是敌人？"演讲开始不到几分钟，大多数观众便已无意识地确定你是否讨喜，他们是否愿意被你影响。

上场前，虽有主持人介绍你的身份，罗列你的一系列资质，这也许会提升你的可信度。但真正决定可信度的，是观众认为你有多少兴趣与其建立联系并传达有价值的内容。

职业演讲家把每次演讲都看作是与观众建立联系的机会。面对一个人的演讲与面对一万人的演讲一样，都与联结相关。与观众建立友好的关系是一对一沟通成功的基石，也是面向不同规模的观众演讲成功的基石。

许多人同一两个人交谈时，尚且舒适自如，能够比较有效地传递信息。但若站在二三十名观众面前，情况便大不相同。虽然演讲者与观众大概率互不认识，但若认为自己是在朝一个群体讲话，那就想错了。

因为无论观众规模有多大，接受并处理信息的总是个体。最出色的演讲家有别于一般演讲家的地方在于，他们能够让在场每位观众都感受到这个演讲是专门说给自己听的。

那么当我们从一对一沟通转变为一对多演讲，到底发生了什么变化呢？其中主要的转变在于声音和肢体语言的调整，以更好地影响观众。观众人数越多，演讲者就越要放大自己的动作和声音。

提高演讲的创意和趣味性

《大脑法则》（*Brain Rules*）的作者约翰·梅迪纳（John Medina）解释称："大脑不会关注无聊的事物。"大多数商业和学术演讲都很枯燥，过分强调数据分析和图表。管理者、学者和其他专业人士常常将事实数据整合起来，然后进行详尽说明。他们只是例行公事般地开个会，根本不会花心思去和参会人员建立友好关系。因此，观众只能靠做白日梦和信手乱涂来激发自己的想象力。

当然，你所传递的信息对于能够理性思考的人来说一定要有信服力（除非你是政客或者邪教头目）。好的演讲语言清晰，简明扼要，具有很强的逻辑性。但是光有逻辑性还不够，还需激发观众的想象力，从情感上打动他们。当你学着运用故事、想象和幽默来描述事实数据，你便会发现自己所传达的信息更具说服力，演讲的过程也不再那么伤脑筋，反而更加有趣。

调节紧张情绪：安抚思绪！

你需要了解真实的观众是什么样子，这也许会宽慰你的思绪，帮助你调节紧张情绪。

大多数观众希望你能获得成功。经验不足的演讲者总是想象观众是由美国选秀节目《铜锣秀》（*The Gong Show*）中被淘汰的参赛选手组成，迫不及待地想要泄愤报复。然而现实生活中，大多数观众都是支持演讲者的。观众投入时间听取演讲，往往是为了有所收获，所以演讲成功与否与他们利害攸关。再者，人们都知道公共演讲本身具有挑战性，因而通常能够包容演讲者的不完美。

大多数观众对你的演讲技巧不会抱有过高期待，因为他们习惯了无聊枯燥的演讲，习惯了不清不楚的表达。当然，有偿演讲除外。满意度取决于期望值，而人们的期望通常来自过往的经验，这是基本的生活常识。如果你的一位朋友习惯吃丹尼斯❶（Denny's），那么偶尔带她去吃一次时时乐❷（Sizzler）就会令她印象深刻。因此，只要运用本书介绍的一些简单技巧，你就能轻易超过大多数观众的期待。

通常情况下，你看起来要比自我感觉的好很多。虽然你感到紧张，但观众不这么认为。肾上腺素放大了你的感

---

❶ 丹尼斯是一家诞生于美国的世界级连锁家庭餐厅。——译者注
❷ 时时乐是一家起源于美国加利福尼亚州的国际连锁美式西餐厅。——译者注

知，因而一个语法错误或一个尴尬的动作都会让你觉得是巨大的失态。而事实上，观众也许从来没有注意到过。所以即使感觉自己的声音在颤抖，但是，或许在别人眼里你表现得还不错。

因此，请做专业人士所做之事，并关注自我对话。学着将焦虑驱动、消极悲观的内心对话转变为积极向上、树立信心的自勉之言。一旦发现紧张情绪蔓延，不要去想"要演讲了，我好紧张"，而是试着将这种情绪定义为"兴奋"，并告诉自己："要演讲了，我非常兴奋！"

语言学家史蒂芬·平克在其著作《风格感觉》（*The Sense of Style*）中指出，许多人觉得"学习写作就像在新兵训练营中进行障碍训练，走错一步，就会挨教官的骂"。他问道："为什么不把写作看成一种令人愉悦的技能呢？就跟烹调和摄影一样。提升这种技能是终身的使命，而犯错是其中不可避免的一部分。"平克给写手提供的这些启发性建议，对公共演讲家来说同样适用。

就跟职业演讲家一样，你可以试着将每次演讲看成是磨炼技能的好机会，从错误中吸取教训，从入门到精通的旅程中找寻乐趣。

然而，还有另一个秘诀来改变你的认知、提升演讲技巧：职业演讲家习惯将练习与准备融入日常生活中。每一次对话、每一次与他人的互动（不论是与一个人还是一群人），都被他们视为提升自我表达能力和语言运用能力、训练口头语言和肢体语言的协调统一、研究沟通影响他人的方式、成为更好的聆听者与讲述者的绝佳机会。

这样做的好处在于，学习演讲的过程不再烦冗枯燥，反而变得有趣起来！因为你在享受互动的同时，还能进行学习，开展调查。再者，掌握这些秘诀后，你就会开始思考为什么有的讲述者无趣乏味，以及他们本应该怎么做。如此一来，再枯燥的演讲似乎都变得可以忍受了。

在下一个秘诀中，你将学习如何转化恐惧情绪，这可以为你的演讲赋能，让你不论面对何种类型的观众，都能开展有效演讲。

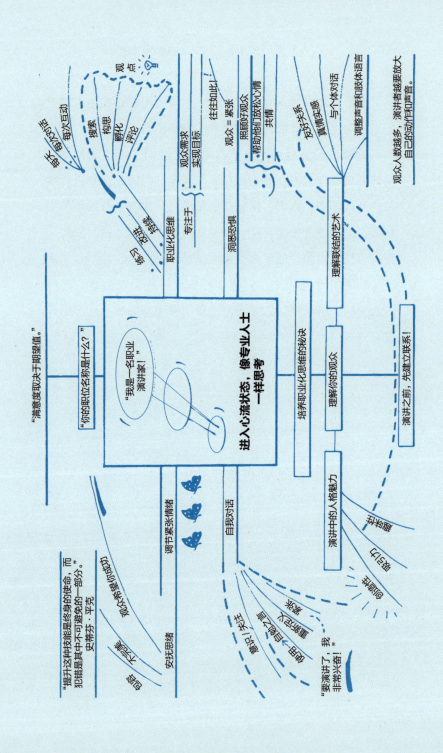

进入心流状态，像专业人士一样思考

"你职位名称是什么？"
"我是一名职业演讲家！"

职业化思维
专注于
洞悉恐惧

练习 改进 精进

观点

停不下来的对话
每天对话 每次互动

搜索
构思
孵化
评论

观众需求 实现目标
往往如此！
观众 = 紧张

"满意度取决于预期值。"

"提升这种技能是我们终身的使命，而犯错是其中不可避免的一部分。"
——史蒂芬·平克

调节紧张情绪

安抚思维

"观众希望你成功"

句句不离

培养职业化思维的秘诀

理解你的观众

演讲中的人格魅力

自我对话

意识 关注
自己的语言
用肢体语言
遇到挑战

"要演讲了，我非常兴奋！"

苦恼
出口成章

自信

演讲之前，先建立联系！

照顾好观众
帮助他们 / 放松心情
共情

对话关系
真情实感
与个体对话

理解联结的艺术

观众人数越多，演讲者越要放大自己的动作和声音。

调整声音和肢体语言

与观众共情

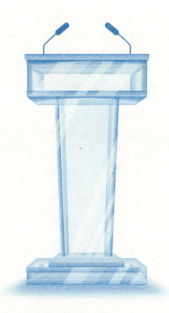

当你被要求上台演讲时，你的第一想法是什么？

"哦，不！"很多人都会表示抵触，接着进行许多消极的自我对话。消极的自我对话与肌肉收缩相关，而肌肉收缩与紧张情绪的积累会带来越来越多的担忧和不必要的紧张，这就造成了自我身心破坏的恶性循环。

反之，在思想和行为上为成功做好准备，就可以产生自我赋能的良性循环，这有利于演讲者在一开始就理解观众的需求。

因此，从你同意演讲的那刻起，就要开始为成功做准备。首先要注意到内心的紧张情绪，但不必消除该情绪。同时，将这种情绪视为兴奋之感而非紧张本身，并把注意力从自己身上转移到观众身上。其次，要对人们给予你的关注心怀感恩，积极探索与观众建立联系的方法，致力于满足他们的需求。此外，职业演讲家往往能与观众共情，并关注最后的结果，即演讲给观众带来的好处。作为职业演讲家，我们真诚地想要帮助在场的观众，并对有机会考虑和满足人们的需求表示感恩。

几乎每一次演讲结束后，都会有人问我："演讲怎么样？"我通常会回答"去问观众吧"或者"你来告诉我"。

伟大的阿根廷作家豪尔赫·路易斯·博尔赫斯（Jorge Luis Borges）建议道："不要说话，除非你的话能改善这沉默。"为了改善沉默，你需要带有目的地准备讲稿。常识告诉我们，一旦开始从事某事，便需要明确目的（即为什么要做这件事）。明确想要取得的成果，对公共演讲来说尤为重要。

明确目标

　　1982年，我搬去了华盛顿，因为在那里教授创造性思维似乎能让我实现自我价值最大化。到达华盛顿的时候，正逢华盛顿红人队❶（Redskins）拿下超级碗❷（Super Bowl）的胜利，我成为红人队的忠实粉丝。同2020年超级碗冠军堪萨斯城酋长队（Kansas City Chiefs）一样，1982年红人队的表现非常精彩，尤其临近比赛结束，他们采取出其不意的作战策略反败为胜。1983年，红人队再次入围超级碗，虽然他们未能赢得冠军，但仍然展现出绝处逢生的非凡能力。然而，自从教练乔·吉伯斯（Joe Gibbs）离开后，这支队伍的作战风格似乎发生了改变。我注意到，红人队的表现与原来大相径庭：他们在大部分时间处于领先地位，但随着对手发起反攻，往往会在最后阶段输掉比赛。红人队的目标似乎从"我要赢"变成了"不要输"，他们采取"防御型"的作战策略，目的是防止其他队伍获得大比分胜利。但问题在

---

❶　红人队是一支总部位于华盛顿的职业美式足球队。——译者注
❷　超级碗是美国国家橄榄球联盟（NFL）的年度冠军赛。——译者注

于，这种策略往往会导致球员消极参赛，难以发挥出最佳水平。

　　演讲水平一般或偏低的演讲者对待演讲往往持有一种防御的态度，而这会阻碍他们取得成功。这些演讲者通常只有一个目标：完成演讲，只要不尴尬就行。这种对于失败和尴尬的恐惧导致人们过于关注自身，而忽略了观众的需求与感受，因此阻碍了联系的建立，降低了沟通的有效性。

　　然而，职业演讲家则抱着必胜的心态。每次演讲，他们都会从观众的利益出发，设定具体明确的目标。换言之，即你的演讲将如何改善观众的生活？

　　为了明确目标，最简单而高效的方法就是在每次演讲前，思考通过交流互动，你想让观众知道什么、感受到什么、采取什么行动，然后把你的目标写下来。

　　明确的目标可以传递强有力的信息，产生良好的演讲效果。如果你每次都能根据想要给观众带来的结果为演讲设定目标，那就不太可能跑题。同时，这也有利于你记住想要传达的内容，极大地提升自信心，有效控制紧张情绪。

　　以设想完成演讲为开端，学会与观众共情，思考对他们来说什么才是重要的。

　　简单回答以下问题：

　　你想让观众通过你的演讲知道什么？具体点。演讲一开始，就要把重点放在你希望观众理解并记住的一条最重要的信息上。研究表明，大多数人的短时记忆只能容下七条信

息，因此要把演讲要点控制在七个以内（在"秘诀4"中，
你将学习如何把短时记忆转变为长期记忆）。

　　你想让观众感受到什么？ 这一问题常常受到忽视，尤
其在企业和学术环境中。不论正式场合还是非正式场合，若
想吸引观众、推销想法，一个简单而又深奥的秘诀就是让情
绪驱动行动。现代神经科学表明，大多数决策都是人们根据
自己的情绪无意识做出的，但这并不意味着事实不重要。高
效的演讲者知道多数人容易被情绪打动，因此在讲述逻辑性
很强的案例时，往往晓之以理，动之以情。此外，观众总是
能快速判断他们是否喜欢你。要是喜欢，则愿意被你影响；
要是不喜欢，就不想接受你的任何观点。

　　如果你能基于为观众带来利益和价值而设定明确的目
标，如果你真的在乎并相信你所代表的观点，那么观众往往
会喜欢你，并乐于接受你的想法。

　　每次演讲开始前，写下你想让观众在演讲结束之时所拥
有的感受。换句话说，回答这个问题："为什么这群观众应该
在乎我本次所传达的信息？"一旦阐明你想给观众带来的感
受，你自身也会产生同样的感觉。现代神经科学告诉我们，
情绪不论好坏，都具有感染力，观众的感受反映了演讲者的
内在状态。如果你感到无聊或索然无趣，观众也会这么觉
得。如果你热情洋溢，鼓舞人心，那么就能带动观众的情绪。

　　你想让观众采取什么行动？ 与观众分享观点，使其倍
受鼓舞，这很好，但演讲的最终目的是要激励观众采取行

动，或者对其某些行为进行劝阻。你想向他们推销什么？你想让他们改变何种行为？你想让他们支持哪项运动？你想让他们接受哪种观点？

每次演讲前，思考该问题：你想让观众听了你的演讲、受到你的启发之后，采取什么行动？然后把你的具体想法写下来。

如果你能按照以上方法，在演讲之前写下明确的目标，你就会发现你在内容、情感和行动上，变得更有序。

协调神经系统

基于你想让观众知道什么、感受到什么、采取什么行动而设定目标，将帮助你协调神经系统，成为更成功的演讲家和领导者。人际互动过程中，神经系统协调的人往往更具有影响力。

当然，为了有效设定或实现目标，还需要了解观众。你对观众越了解，就越容易使用合适的例子、故事和关键词讲述其关注的信息，让每个观众感受到你的这番话是专门对他说的。

当你受邀上台演讲，试着回答以下问题：

哪些人前来参加演讲？他们为何而来？
本次演讲一共有多少人参加？

　　他们受过多少专业培训？经验如何？

　　观众的年龄、性别和地域分布是怎样的？

　　他们对本次演讲抱有什么期待？

　　观众里面哪些人是决策者？

　　最近有什么事件或者即将到来的最后期限干扰观众的注意力吗？

　　观众是被要求参加的吗？

　　他们有无特别的敏感问题或偏见需要在演讲中避免或谨慎对待？

　　在你演讲前后有其他演讲者吗？如果有，他们的演讲主题是什么？

　　一般来说，邀请你来演讲的那个人能够为你提供这些问题的答案，因此只需自信地向他询问你所需要的信息。除了上述问题，你还可以问："关于这个观众群，你还有其他什么信息分享给我吗？"

　　如果其他演讲者和你面对的是同一批观众，那么你也可以通过采访这些演讲者，来回答上述问题。

　　另一个了解观众的好办法是提前到达现场，在演讲开始之前就与部分观众会面。事先与观众打招呼，随意地聊上几句，既可以对演讲的形式、内容或风格进行微调，也可以提前与他们建立友好关系。

　　有一次，我受邀前往美国密歇根州弗林特市，为一群汽车公司经理开展关于记忆和创造性思维的研讨会。我很早就到达现场，并与在座的经理们攀谈。他们告诉我，他们刚刚发现，由于工厂倒闭，他们中有40%的人即将失业。我借助思维导图快速开了个会，重新组织了我的演讲内容，将重点放在帮助汽车公司经理应对这场失业危机上。

畅销书作家、公共演讲大师哈维·麦凯曾以纽约传奇餐馆老板伯纳德·图茨·肖尔（Bernard Toots Shor）的故事为例，阐明了传达观众最想得到的信息所带来的积极结果。肖尔开办了以自己名字命名的图茨·肖尔餐馆。众所周知，他喜欢假扮外地人，请陌生人推荐就餐去处，以此进行非正式的市场调研。有一天，他乘坐出租车时，向司机询问有没有好的餐馆推荐。

司机回答："可以试试图茨·肖尔（Toots Shor），我总是向我的乘客推荐这家餐馆，他们都很喜欢。那里的气氛棒极了，服务水平一流，菜品也非常美味。"一路上，司机继续赞美这家餐馆，这让肖尔本人十分高兴。抵达图茨·肖尔餐馆门口时，肖尔掏出一叠现金，从中抽出一张百元大钞，递给这位出租车司机，并告诉他不用找零了。

"天哪，"司机兴奋地叫喊道："非常感谢，肖尔先生。"

演讲者，说话简单点

将目标写下来之后，你就可以以这些目标为标准，判断你的演讲要<u>保留哪些内容，删去哪些内容</u>。一般而言，删除所有不能帮助你实现目标的内容。请坚持KISS原则（Keep it Simple, Speaker），意思是：演讲者，说话简单点。

　　优秀的演讲就像一座冰山：露出海面的一角清晰可见，但大部分山体隐藏在海面之下。虽然职业演讲家准备演讲时所用的材料要比实际演讲中用到的多得多，但我们总是尽可能地让演讲简洁明了，方便观众理解。担任演讲教练的这些年里，我从不建议任何人在其演示文稿中添加冗余信息。

　　精简材料有两大好处，一是可以深入了解自己的想法，二是更可能让观众保持清醒。哲学家伏尔泰有言："想被人厌烦的诀窍就是什么都说。"

　　许多演讲者抱有一种错觉，认为一次口头报告就能把非常详细而复杂的信息有效地传递出去。现在许多大学教授和学者试图通过晦涩难懂的演讲展示自己的卓越才华，更加深了人们的这种错觉。也许这就是商界将"学术"与"无关紧要"两个词等同起来的原因。一般而言，详细复杂的信息最适合以书面形式沟通，辅之以口头汇报。口头汇报主要用来强调关键要点，并留出一定时间进行问答。

　　精简材料永远不会降低演讲的有效性，除非使人困惑是你的本意。人类学家玛格丽特·米德（Margaret Mead）说过："如果一个人所讲之事无法令智力正常的12岁孩子听懂，那么他应留在大学或实验室封闭的围墙之内反思，

直到能更通俗地表达出主题。"诗人威廉·巴特勒·叶芝
（William Butler Yeats）建议："像智者那样思考，像大众那
样交流。"

避免犯"分子爱抚"的错误

许多人虽然学识渊博，但论及传达信息，却显得不那
么明智。

多年前，我有幸定期给美国杜邦公司的工程师和科学
家举办创造力与创新研讨会。参会者都很聪明，其中最出色
的要数来自杜邦研究员计划的几位成员。（据杜邦公司网站
介绍："作为公司杰出的科学家和工程师，杜邦研究员定义
了新技术，影响了行业研究方向，并为公司内外的其他科学
家提供指导。"）

杜邦研究员计划的负责人邀请我帮助这些聪明的科学
家准备为营销与销售部门所做的演讲。我和研究员计划的成
员见了面，让他们给我展示最新的汇报（我们还把汇报录了
下来）。当时的情况是，研究员挨个站起来，讲述他们正在
研究的化合物分子结构的某个方面。汇报内容大致是这样
的："我们在这种环境下对分子进行观察，并对分子的运动
现象感到惊讶；随后，我们又在另一种环境下对分子进行观
察，再次惊讶于分子的运动现象。"

可想而知，市场营销人员与销售人员自然不会对分子

的具体运动现象特别感兴趣。他们只想知道：这种化学制品的具体用途是什么？什么时候可以推广上市？安全性如何？可以取什么好听的名字？毕竟特氟龙（Teflon）和可丽耐（Corian）这类好名字当初就是这群人起的。

待研究员汇报完毕，我指导他们从市场营销人员与销售人员的角度来回看、评价本次汇报，他们似乎都意识到要给予观众更多关注。首席科学家抓住了问题的本质，他站起来叫道："哦，天哪，我们犯了'分子爱抚'的错误！"

"分子爱抚"（Molecule fondling）是指以技术为导向，将重点放在自己的研究上，而不顾观众的感受的行为。研究者越有才华，对技术越痴迷，就越容易与终端用户脱节。各行各业的人几乎都会犯这个错误。随着专业知识储备量的增加，你将更可能关注你所了解的细节，而不是在场观众的需求。史蒂芬·平克将这种现象称为"知识的诅咒"（the curse of knowledge），他解释道："人类的每种消遣活动，比如音乐、烹饪、运动等，都会形成一系列术语，这样便可让其爱好者在圈内提及熟悉的概念时，不必说出全称或者打出一长串描述性文字。然而，随着我们越来越精通自己的工作或爱好，我们也会越来越频繁地使用术语，常常脱口而出，忘了观众或读者并不是'圈内人士'，也许并不了解这些概念，这就是问题所在。"

我们也许自我感觉良好，认为自己说得很清楚，观点表述令人信服，所有想讲的论点也都讲了。但任何形式的沟通，无论是技术说明还是示爱的情话，其有效性最终都取决于信息接收者的感受。换言之，只有跟踪调查观众的反应，才能知道我们的沟通是否成功。少点预设，多点解释，这是提高信息传达有效性的准则之一。

思考一个变革性问题

职业演讲家理解与观众共情的重要性。我们知道，如果想要与人们建立联系，真心实意帮助他人，那么光是从大体上了解他们的需求还不够。确切地说，你应该思考一个问题：观众最易受到何种因素影响？正确回答这一问题可以让你的演讲实现质的飞跃。

换句话说，在观众眼里，哪个或哪些因素是最重要的？他们最有可能基于什么做决策？

我有幸与众多建筑工程管理行业的客户合作过，该行业最大的优点就是结果明显且可量化。建造一栋楼房，管理人员可以清楚地知道工程是否按时完成，预算是否在可控范围之内，以及建筑结构是否稳固。

我喜欢和建筑工程管理行业的客户骑车在各大城市中穿行，注视着建筑物在天空的映衬下显现出的清晰轮廓，其中部分建筑物是他们参与建设的。然而，想要成功签署一份建筑合同，建筑工程管理者必须首先向其潜在客户做汇报展示。大多数企业、大学、医院和政府机构拟建工程时，往往会向众多建筑工程企业招标，寻求科学合理的建设方案，并从中选出三个最佳方案。之后，建设单位会安排提供这三个方案的建筑工程管理者在一两天内进行汇报展示，从而确定最终的中标方。其中常常涉及重大的利害关系。

一家大型电信公司打算将其建筑工程管理业务外包，我的客户为了承接这项业务，正在准备相关的演讲展示。这家建筑工程管理公司的总裁请我帮助其团队准备本次演讲。该团队专业实力很强，通篇讲述了他们已经建成的高质量建筑，并详细介绍了团队是如何确保工程安全准时完成的。这是"分子爱抚"的典型案例。可以肯定的是，该项目的其他竞标者在准备演讲时，同样也会强调自己的团队在规划、预算和安全等方面取得的成就。

我要求该团队把自己想象成拥有决策权的委员会成员，并考虑如下问题：什么因素最能打动我？随着团队与潜在客户共情，并从客户的角度看待此次演讲，他们明显发现自己忽略了一些关键因素。

团队成员意识到，这家电信公司将自己定位为现代化信息系统和管理组织，旨在同长期垄断美国电信事业的贝尔系统区别开来。他们发现，信息技术对这家电信公司的发展至关重要，于是他们决定在本次演讲中突出自己的信息技术部门的成就。此外，团队还决定展示公司在信息技术领域具备的强大实力，特别强调如何通过与潜在客户信息技术团队的协调合作优化各项建筑工程功能，追踪每一项目成本。

再次认真研读招标文件后，该建筑工程管理公司的团队成员又意识到多元化对这家电信公司的重要性。经过激烈的讨论，他们认为需要解决多元化这个问题，因为多元化对客户来说真的十分重要，而不仅仅是其人力资源或法律部门在招标文件中添加的一句政治正确的免责说明。因此，在最后的演讲中，该团队别出心裁，邀请人力资源部门副总裁参与发言，专门解决多元化问题。副总裁承认，虽然建筑工程管理行业在处理多元化问题上并不具备特别的优势，但他承诺会与客户同心协力，遵从客户意愿，为多元化的员工队伍提供支持。他还补充道，无论是否能够中标，他都愿意这么做。

另外，两家竞争对手的演讲无外乎围绕建筑质量、工期、预算和安全性展开，而我们的汇报并不局限于此，还聚焦对目标客户来说更重要的因素。最终，我的客户团队竞标成功，这是他们成立以来签订的最大合同。

几周后，这家建筑工程管理公司的另一支团队应邀前往以色列特拉维夫参与竞标。特拉维夫计划建造一座新的航站楼，要求落成日期正好赶上以色列的一个重要的纪念日。

然而，这支团队准备演讲时又犯了"分子爱抚"的错误，他们还是把重点放在了展示其参与建设的航站楼照片、介绍预算和安全性之类的常规问题上。

我让团队成员进行头脑风暴，讨论竞标成功的决定性因素。很明显，这个案例与信息技术和多元化无关。经过短暂思考，他们发现遵循日程安排是赢得此项业务最关键的因素。因为如果不能在纪念日到来之前建成航站楼，那么以色列机场管理局的工作人员将面临失去工作的风险。

据此，团队另辟蹊径，用电脑绘制了航站楼建成后的效果图，并在图片上添加数字时钟，以显示航站楼竣工的确切日期和时间。他们将这张效果图作为展示的重点，不仅将其放在用于派发的手册里，还放在幻灯片的首页和末页中。

我相信该项目所有的竞标者都能在规定时间内竣工，但我们用特别的方式强调了这一点，加深了评委印象，由此消除了机场管理局的疑虑，赢得了这项业务。

避免犯"分子爱抚"的错误、重点解决客户眼里最重要的问题，这么做也许并不能保证你在任何竞争中都能取得成功，尤其是在复杂的情形之下，但至少会提高你获胜的概率。

职业演讲家和首席执行官的秘诀

著名顾问基思·麦可法兰德（Keith R. McFarland）帮助企业家明确并实施实现梦想所需的战略。在此过程中，他发现了一个惊人的成功秘诀："众所周知，企业创始人都具有极强的说服力，他们往往能在无形之中说服代理人和会计师减免费用，争取到供应商给出的优惠条件，并使员工确信目前低廉的薪资会在日后得到改善。我将这种能力称为'招募世界'。其惊人之处在于他们成功说服他人的方式，这或许和你想象的不太一样。"

麦可法兰德补充道："尽管在人们的印象中，企业家往往独断专行，恃强凌弱，但我们的调查显示，全美发展速度最快的500强企业领袖，他们提供支持和鼓励的能力要高于82%的人群，仅次于高绩效的销售人员。他们通过帮助别人（如员工、工作伙伴、投资者和供应商等）获得成功，从而成就自我。换句话说，他们属于'类利他者❶'。"

演讲成功与否只能靠观众的反馈来衡量。如果把观众当成顾客，那么你可以通过向其询问是否会购买产品来衡量你所传递信息的有效性。成功者会密切关注顾客或客户的反馈。

最近，我给一家服务类公司的五百多名销售代表做了演讲，我的演讲目标是确保他们在演讲结束后能够：

明确五大原则，呈现令人难忘的销售演讲；

感到精力充沛、热情洋溢，相信自己有能力运用这五大原则；

运用五大原则，显著提高销售业绩（你将在"秘诀4"中学习这五大原则）。

实现自我意识及关照他人需求的平衡是获得幸福生活

---

❶ 类利他者，指在帮助别人的同时，也会留心自己的利益(比如扩大自己的影响力)，寻求"双赢"的机会的人。——译者注

的一大秘诀，若想发表成功的演讲，同样需要实现这一平衡。紧张会使你陷入过度内省的险境，过分关注并放大自己的弱点，从而导致自我意识偏差。虽然演讲前后适度自省于演讲水平的提高有所裨益，但演讲时，还是应该把注意力更多地放在观众而非自己身上。如果在准备汇报、研讨会或讲话时，不能心怀为观众设定的目标，那么就好比写了一封情书，却在邮寄时不知道对方的名字。

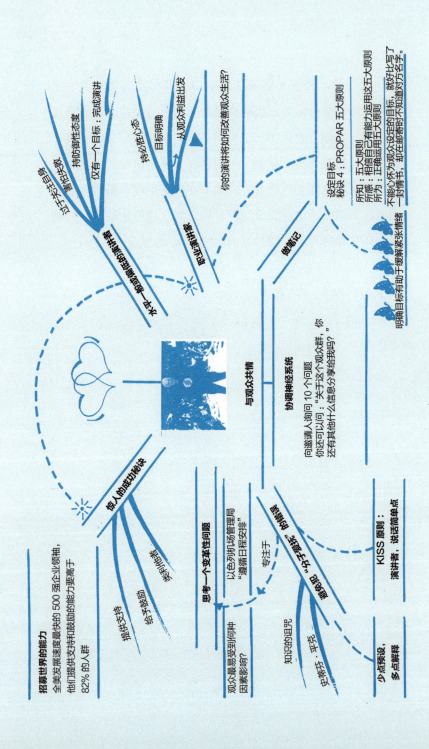

招募世界的能力
全美发展速度最快的 500 强企业领袖，
他们提供支持和鼓励的能力要高于
82% 的人群

过于关注自身
持防御性态度
仅有一个目标：完成演讲

持必胜心态
目标明确
从观众利益出发

你的演讲将如何改善观众生活？

职业演讲家
水平一般或偏低的演讲者

设定目标：五大目标
秘诀 4：PROPAR 五大原则
所知：五大原则
所感：相信自己有能力运用这五大原则
所为：正确运用五大原则

不能以为为观众设定的目标，就好比写了
一封情书，却在邮寄时不知道对方名字。
明确目标有助于缓解紧张情绪。

伟人的成功秘诀

与观众共情
协调神经系统

向邀请人询问 10 个问题
你还可以问："关于这个观众群，你
还有其他什么信息分享给我吗？"

思考一个变革性问题
以色列机场管理局
"遵循日程安排"

专注于

避免犯"分子爱恨"的错误

观众最易受到何种
因素影响？

知识的诅咒
史蒂芬·平克

KISS 原则：
演讲者，说话简单点

少点预说，
多点解释

提供支持
给予鼓励
尊利他者

秘诀

3

使用思维导图

　　一旦明确目标，你便想找一个既具创造性又令人信服的方法来实现目标。接着，你又希望自己能够记住演讲内容。当你明确了所要传达的信息、组织好演讲材料之后，就会发现自己不论面对何种规模的人群，都能感到自在舒适。

　　要想这么做，最有效且有趣的方法便是绘制思维导图。思维导图是用来构思、组织并记忆演讲内容的一种方法，它由东尼·博赞发明，可以帮助人们在短时间内发散出尽可能多的想法，并在这些想法之间建立新联系。思维导图唤醒并强化了思维中富于想象而丰富多彩的自发成分，并使它们与大脑的批判、逻辑及分析功能和谐共存。

　　我从 1975 年开始与东尼·博赞合作，自那时起，我便一直使用思维导图写书和准备演讲。我教授思维导图的相关课程也有四十余年了，我经常遇到我教过的学员称自己至今仍在使用思维导图，尤其是在准备演讲的时候。你将在这里学习如何使用思维导图构思、组织并记忆你的观点。此外，思维导图也可以用来呈现观点，从而让你的演讲变得更加引人入胜。

摆脱线性思维

　　路易莎（Louisa）是一家大型企业的项目经理，主持会议、演讲汇报是其工作中不可避免的一部分。但由于不擅长构思和组织语言，在过去多年里，她总是感觉自己难以胜任这些职责。虽然路易莎在其专业领域知识渊博，但她经常发现，当自己坐下来准备演讲时，大脑就会变得一片空白。

与大多数人一样，路易莎受过的培训告诉她，准备演讲时应使用提纲，利用线性思维，一步一步地构思和组织演讲内容。我们都知道，提纲以罗马数字Ⅰ开头。路易莎常常久坐桌前，等待观点Ⅰ从脑海中出现。经过了漫长的时间，她终于有了一个想法，随后又顺着这个想法构思观点Ⅱ、观点Ⅲ等。

然而，路易莎常常发现，她所想到的观点Ⅲ的第三个分论点，其实应该是观点Ⅱ的第一个分论点。于是她就开始涂涂改改画箭头，顷刻之间，整洁的提纲变成一团乱麻。有时候，她会开始乱画或神游，而后发觉这样效率低下，因此心生愧疚。于是，她试图继续按照顺序构思演讲内容，结果却带来了更多的挫败感。

类似的情况不仅发生在路易莎一个人身上。对于很多人来说，准备演讲的过程充满了焦虑与挫败感，新的想法不断冒出来，却又被自己不断否定。

这是什么原因呢？主要是因为我们想让想法以线性形式出现。但对大多数人来说，思维并不是这样运作的。

想想你最近读过的一本书，看过的一场TED演讲，参加过的一次会议或研讨；设想你得针对这本书、这场TED、这次会议或研讨撰写报告或进行演讲。

然后开始回想书本、TED、会议或研讨的内容。当你这么做的时候，观察自己的思维是如何运作的。它是不是在搭建完整的语句或段落？想法是不是按照顺序出现？也许并非如此。可能出现的情况是，印象、关键词和图像在脑海中浮现，彼此相互关联。思维导图就是让这种自然的思维过程持续运作的一种方式，既可以在纸上也可以在电脑上绘制。

提纲是按顺序正式呈现观点的有效工具，但只有在真正的思维过程结束后才能发挥作用。一开始就使用提纲构思反而会减慢思考速度，干扰自由联想。设想一下，点子还没想出来，就要将其整理归类，显然不合逻辑。提纲反映的是线性思维模式，这会禁锢创新思维。它只使用一种颜色，一种形式，因此也令整个思考过程变得单调乏味。列提纲或使用其他线性笔记体系，往往令大脑无法利用色彩、空间、韵律及成像的功能。总而言之，提纲只利用了一半大脑，而完全浪费了另一半的思维能力！

思维导图的起源与发展

思维导图是基于以下研究和理解发展而成的。

笔记法

20 世纪 60 年代末，东尼·博赞任职于英国高级阅读大学（the College of Advanced Reading in England），一边教授学生快速阅读与学习的技巧，一边研究提高学习、记忆和创新思维能力的方法。为了找到效果最好的一种记笔记方式，博赞对各类笔记法进行了广泛研究。

　　基于英国埃克塞特大学教授迈克尔·豪（Michael Howe）的实验，博赞总结出了最佳笔记员共有的两大特质。第一，使用关键词。关键词涵盖大量信息，是创造性联想和回忆的宝贵财富。每想到一个关键词，就可以启迪其他重要联想。

　　例如，假设你对威廉·莎士比亚（William Shakespeare）的《哈姆雷特》（*Hamlet*）很熟悉，我让你想几个与这部戏剧相关的关键词，你可能会回答"悲剧""丹麦""王子""奥菲莉亚"，等等。一旦学会语法和句法，你的大脑就会自发地用这些关键词造句。而诸如"这个""和""的""因此"等非关键词，对于回想并无用处，因此不必将其记在笔记里。

　　最佳笔记员的第二大特质是其笔记十分清晰，容易阅读。许多学生常常无法辨认自己到底写了什么，白费了记笔记的功夫。豪观察到，笔记记得好的人往往花时间用印刷体书写，而不写连笔字。印刷体除了方便辨认，也会将关键点更清晰地"印"在记笔记者的脑海里。

　　思维导图本是记笔记和绘制笔记的工具。记笔记是指记录别人的想法，这些想法来自书本、讲座、研讨会等。绘制笔记用于构思、组织及综合自己的想法，并将在记笔记时所习得的知识融入自己的思考过程。

记忆术

　　希腊女神谟涅摩叙涅（Mnemosyne）是大神宙斯（Zeus）

的第五位妻子，被誉为记忆女神。一种辅助记忆的心理学方法"记忆术"（mnemonic）便来源于她的名字。记忆术可以提高人们记忆任何东西的能力，如经过随机洗牌后的扑克牌、圆周率、名字和解剖知识等，当然，还有演讲材料。古希腊人发明了一整套记忆系统，帮助记忆演讲比赛的发言内容。博赞对记忆系统进行了深入研究，并与国际象棋大师雷蒙德·基恩（Raymond Keene）共同发起了世界脑力锦标赛。

记忆术基于回忆的两大关键要素：联想和强调。人们之所以能够记住某样东西，是因为找到了它与其他事物的关联。此外，希腊人还注意到图像、色彩等元素具有强调效果，可以加深联想，提高记忆力。在思维导图中，你使用关键词、图像、色彩等元素，将丰富你的演讲笔记。

网状结构与脑神经系统

回想一下树的结构，是生命的网状，从它的中心——树干朝四面八方延伸。乘坐飞机越过主城上空，城市的中心地带相连，条条道路相接，主干道连着支路，总体呈现向外延伸的网状结构。类似地，全球通信系统和互联网也是相互联结的网络。自然的沟通同样通过网络和系统运作，它的结构是不分等级、自发组织起来的。创造性地阅读、协调并与这些系统协作的能力，就是智力的最终定义。

其实，最神奇的系统就在你的大脑里。神经元是大脑功能最基本的结构单位。人脑约有数百亿个神经元，每一个神经元都从它的中心——细胞核向外延伸出许多树状突起，称为树突。树突上又分布着许多细小的棘状突起，叫作树突棘，它是神经元间形成突触的主要部位。当我们思考时，电信号或化学信号便通过突触，从一个神经元传导到另一个神经元。神经元通过突触相连，构成了庞大复杂的神经网络，由此，我们才拥有了思维能力。思维导图是大脑自然运作模式的图像化表达。

伟人的大脑与笔记

许多历史伟人，如查尔斯·达尔文（Charles Darwin）、凯瑟琳·约翰逊（Katherine Johnson）、托马斯·爱迪生（Thomas Edison）、玛丽·居里（Marie Curie）、列奥纳多·达·芬奇（Leonardo da Vinci）等，他们的笔记风格都以网状分支结构为主，辅以大量创意涂鸦、草图及关键词。思维导图融合了具有创造力的大脑天然想做的事情，并形成了一套固定的体系。

思维导图绘制规则

思维导图的绘制规则都是基于我们刚刚回顾的起源和发展，包括有效的笔记方法、记忆力的自然机制、人脑构造及其思维模式。

（1）在纸张中心画一个图形或象征物。从纸张中心开始绘制，避免自上而下的层级思维模式，有利于进行充分联想。图形或象征物比文字更好记，也有助于提升创新思维能力。从图形出发，你可以展开许多创造性联想。如果你不会画画，别担心，尽力而为就好。就算你不是达·芬奇或乔治娅·欧姬芙**❶**（Georgia O'Keeffe），也可以享受绘画给大脑带来的益处。

（2）**使用关键词。**关键词携带大量信息，便于回忆和创造性联想。它们要比句子和短语更好记。相较于句子和短语，我们能够更快地想出关键词。此外，有意识地训练自己寻找关键词，有利于提升把握文章主旨的能力。

（3）**从中心图形处发散线条，连接关键词。**用线条将关键词连接起来，可以清楚地呈现各个关键词之间的关系。连线时，要尽可能清晰。

（4）**使用印刷体书写关键词。**印刷体要比连笔字容易阅读和记忆。

（5）**每条横线上只写一个关键词。**由此，你可以针对各关键词进行创造性联想，没有任何限制。此外，这么做也可以训练你将注意力集中在最恰当的关键词上，朝着正确的方向思考，尽可能减少思维混乱。

（6）**将关键词写在横线上，同时确保关键词与横线等长。**这可以将各种联想清晰地呈现出来，节省纸张空间。

---

❶ 乔治娅·欧姬芙，20世纪美国画家，被誉为"美国现代主义之母"。
——译者注

（你将需要大量的纸张空间，因为你能够比之前更快速地输出观点！）此外，不要将文字写得离横线太远，看上去像悬浮在横线之上。这种视觉上的分隔会干扰自由联想。

（7）使用色彩、图片、立体图形及标记来激发联想，加深记忆。高亮要点，反映思维导图不同分支之间的关系。例如，利用色彩来表明各个观点的重要性：将最重要的用黄色标出，次重要的用蓝色标出，诸如此类。

无论在思维导图的哪个位置，尽可能使用图像，尤其是色彩鲜明的图片。图像有利于激发你的创造性联想，有效提高记忆力。星号、感叹号、字母、形状、数字等标记，可以用来表明各个概念之间的关系，进一步组织思维导图。

（8）自由联想，随后整理。为演讲或展示绘制思维导图的过程分为两大阶段。首先是自由联想阶段，即在短时间内想出尽可能多的观点。在这一阶段，放飞思维，把你能够想到的关键词都写下来，即使这个词似乎荒诞可笑，看上去毫不相关，也将其记下，不要让自由联想的过程中断。

激发大量联想之后，进入第二阶段：整理。在该阶段，你将动用分析思维，审查你所绘制的思维导图，删除现在看来似乎多余的内容，巩固关键概念。你可以使用数字、字母、其他颜色或其他标记来给各类信息进行清晰排序。在某些情况下，为了进一步整理思维导图，你可能想要重新绘制。此时，将第一点写在一点钟方向，并按顺时针进行绘制。一旦厘清了观点，你甚至还可以将思维导图转化成提纲的形式。

利用思维导图准备演讲

绘制思维导图很简单，只需一个大脑、几支彩色笔、一张纸和学习新事物的意愿。思维导图用途广泛，包括用于战略规划、学术研究及创造性地解决问题等，尤其适用于演讲设计。尝试使用思维导图准备一场演讲，以下是具体的操作指南。

（重要提示：虽然目前网上有许多绘制思维导图的软件，但刚开始学习时推荐采用经典的方法——手绘，即用彩色笔在一大张白纸上绘制，以收获更多好处，我将其称为手工思维导图。）

首先，准备一张大的空白纸张，越大越好，最好是白色；至少准备五支彩色笔。荧光笔也很有用，因为它不会遮挡住文字（要是条件有限，只有一支笔和一小张纸，也能进行绘制）。将纸张横着放在桌面上。

确定好演讲主题后，在纸张中心画一图像来代表演讲主题。画成什么样不重要，抽象也好，具体也行，只要能够让你想起演讲主题就行。尽可能画得生动一点，最少使用三种颜色。不必担心是否画得准确，享受其中的乐趣就行。

思维导图

接下来，从中心图像处朝各个方向画横线，并将关键词用印刷体写在横线上。记住要写在横线上，而非悬浮在横线上方，每条横线只写一个关键词，连线时不要中断，尽可能多用图片和色彩。让联想自发地进行，并快速写满整个页面。如果纸张没空间了，但还有新的想法冒出来，你可以再拿一张纸，继续展开联想。

要是一时半会想不到其他点子了，那便在已经绘制的思维导图上任选一个关键词，快速写下对这个词的第一联想，即使这个词看上去并不相关。总之，确保联想的连贯性，不必担心写下的词是否正确。

当你认为自己已经做了充分的联想，停下来看看结果：所有与演讲相关的想法都排布在一张纸上。刚才联想时，主要动用了想象思维，而现在应启用分析思维，将思维导图有序整理排列。

以分析的视角看待思维导图，你会发现其中的内在关系，这有利于整合并记忆正在筹备的演讲。找寻思维导图中

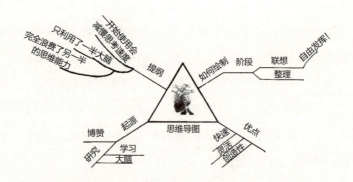

反复出现的关键词，它们通常代表了可以将演讲不同方面结合起来的重要主题。

　　把思维导图中相关的部分用箭头、横线、颜色或其他标记等关联起来，选一种最适合自己的方法就行。删除看来任何与演讲无关的内容与元素，只留下你打算演说的关键词。随后，将这些关键词按顺序排列。如果有必要，可以重新绘制思维导图，使其看上去更整洁，更容易理解。

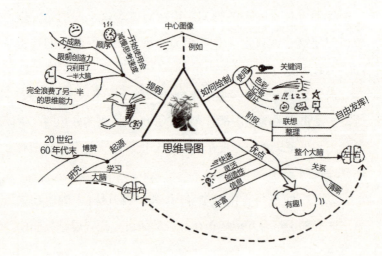

虽然很多人，尤其是那些觉得需要尽早整理思维导图的人，仅仅靠网状图、蜘蛛图或气泡图的形式记下大量想法也能受益，但随着时间的推移，你会发现应用整套绘制思维导图的规则将带来更多益处。

斯蒂芬妮·塞萨里奥是一名建筑师，也是环境和建筑风险管理公司希尔曼咨询（Hillmann Consulting）的后起之秀，该公司刚刚被美国《公司》（*Inc.*）杂志评选为全美发展速度最快的私营企业之一。塞萨里奥为了领导公司的一个新项目，最近搬到了加利福尼亚州北部，她深感思维导图的不可或缺性。

　　我曾接触过许多记笔记的方法，如网状图法和气泡图法，但是它们的结构松散，并不连贯。幸运的是，我在上一家公司就职时，参加了盖尔布先生的研讨会，学会了如何绘制思维导图。从此，我便开始利用思维导图应对很多事情。在争取本次前往加利福尼亚州带领新项目的机会中，思维导图发挥了重要作用，它帮助我梳理、组织及呈现想法。我利用思维导图向首席执行官（CEO）和管理团队展示了我对新角色的设想，内容涵盖各个方面，甚至包括我和家人从新泽西搬到旧金山应如何安置这一私人层面的问题。制作思维导图的过程拓展了我的视野，让我有能力对项目提出一个令人信服的计划，赢得领导团队的支持。但随后，我还要进行可视化营销，让该计划在竞争激烈的市场上脱颖而出，并确保项目成功落实。这些都得益于我对思维导图的熟练掌握，我不仅可以在绘制过程中构思，还能将思维导图作为展示观点的工具。一位潜在客户发言时，使用了颜色编码来表明他们所担忧的问题。我抓住了他们的关键词，简单画了几幅图，并向客户展示。客户惊讶于希尔曼对其需求的了解程度。随后，我又绘制了一张思维导图，向其展示我们应该如何实现这些目标。这种表现形式深受客户喜爱。

这些年来，我有幸向众多客户传授了思维导图的绘制方法，为其事业成功添砖加瓦，塞萨里奥的故事只是其中一例。

思维导图的优点

与其他常用的整理思路的方法相比，思维导图具备诸多优势。对于初学者来说，它能助你快速启动创造思维，在短时间内产生更多想法。思维导图排布自由，每条分支只写一个关键词，随后发散出下一条分支，增加了激发更多新想法的可能性。思维导图在鼓励想象和自发性的同时，也让你的演讲内容变得更有逻辑，更为翔实，更有条理。

思维导图虽小，但包含大量信息，一张纸便可写下你对一个话题的所有观点，并将其有序排布，便于找寻各个观点之间的内在联系。之前你可能认为有些事物毫无关系，但通过绘制思维导图，你将发现其潜在的关联。思维导图既可以让你看清细节，又可以让你看清整体框架。

聚敛思维运用逻辑、语言、数学推理、对细节的注意力、排序等，而发散思维运用维度、韵律、色彩、图像、符号、想象等。思维导图将这两方面融合起来，把之前乱涂乱画和做白日梦的思维转变为思考和解决问题的有效组成部分。一旦聚敛思维和发散思维实现动态平衡，大脑便会处在最好的工作状态，我将这种状态称为"协同思维（synvergent thinking）"（"协同思维"是我在1994年发明的新词，前缀"syn"的意思是"和""一起"，指融合聚敛思维和发散思维所产生的协同效应）。

思维导图是培养协同思维的简单而高效的方法，因为它能创造一种正向的反馈循环。笔记是思考过程的体现，如果它能正确反映思维的自然运作，那么我们便可以进行更充分地思考。换句话说，思维导图通过创造大脑与笔记间的正向反馈循环而发挥作用。它可以训练你正确体现思维的运作过程，便于看见整体框架和细节，并融合逻辑、想象、艺术和科学。通过绘制思维导图，你从一张纸上便可以获得大量信息，看清各个想法之间的关联与作用模式。经常练习使用思维导图，可以培养你的创新思维和系统思考能力。此外，这一过程相当有趣，因为在你准备演讲时，思维导图激发了你的创造力和幽默感。而反过来，这也使得你的表达更生动传神，更引人入胜。

此外，演讲材料也变得更加简单。色彩、图像、关键词作为思维导图的三大核心要素，要比句子更能吸引大脑，一幅制作精良的思维导图很难被遗忘。

以下是帮助你记忆演讲材料的一些简单而有效的标识。请在思维导图中使用编码、颜色和符号。

思维导图记忆法

虽然上台演讲时可以带稿，但最好摆脱对讲稿的依赖。图像、颜色、关键词等元素更便于记忆，如果你在准备演讲的过程中绘制了一张生动清晰的思维导图，那么就已迈出了第一步。随后，为了确保自己记住思维导图，可以拿一张新的白纸出来，重新画一遍，画完后与原来的做对比，补全遗漏之处。你会发现，如果把这个过程重复两三次，该思维导图便会深深刻在你的脑海里。为了记得更牢，把思维导图贴在墙上，闭上眼，在大脑里重新画一遍。然后再睁开眼睛，将大脑里的图与墙上的做对比。重复这个过程两三次，你便可以轻而易举地在脑海中复制该思维导图。

利用思维导图，你可以开始将更具生活化、创造性和趣味性的元素融入演讲。然而，不论你变得多么擅长构思和归纳，在设计演讲时一定要考虑观众的需求和感受。因为归根结底，观众理解了什么、记住了什么才最关键。

在下一个秘诀中，你将学习如何确保观众接收到并记住你所传达的信息。

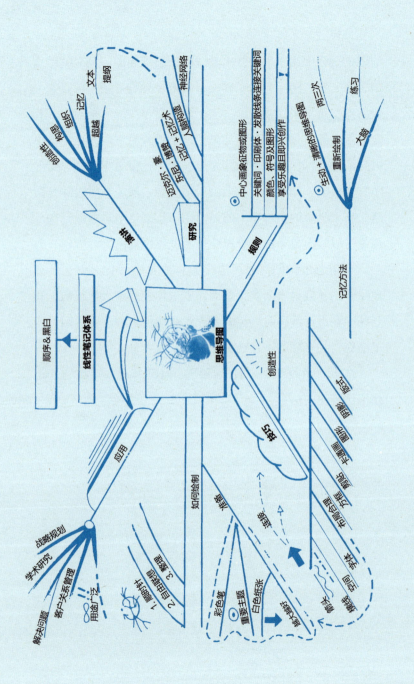

利用记忆原则
（PROPAR）加深观众记忆

我收到过一封邮件，里面有这样一段话：

> 2002年我刚入职时，在一次部门会议上参加了您的达·芬奇主题演讲。最近，上层安排我领导一支团队，负责推动部门创新。您可以为我们提供帮助吗？

说实话我并不擅长社交媒体或电子邮件营销。幸运的是，回顾我的整个职业生涯，我一直致力于发表令人印象深刻的演讲，努力与观众建立联系。因此，现在我的绝大部分客户是经由以前（甚至多年前）听过我演讲的人推荐过来的。

当我刚刚步入演讲行业时，我认为最重要的目标是让观众理解我所传达的信息。但很快我便意识到，理解虽然必要，但并不足够，一定要辅之以记忆。

为什么？因为理解与记忆是两件不同的事情，它们之间并没有必然的联系。

理解与记忆

无论你做了多么充分的准备，只有当观众记住了你的发言，你的演讲才算有效。这并不像听上去那样显而易见。

混淆理解与记忆是沟通中常见的陷阱。观众听懂时可能会点头示意，但这不意味着他们记住了你讲的话。当然，如果没有理解就去记忆，也不会产生什么积极的效果。

　　为了真正理解这个观点，并加深你的记忆，请完成以下101个词语记忆测试。你可以请人把这份词语表读一遍，也可以自己看一遍，但不要回顾，然后写下你所记住的单词。准备好了吗？开始！

吉祥	控制	阅读
记录	女仆	奥普拉·温弗里
手套	相反	奥普拉·温弗里
扔	公共演讲	奥普拉·温弗里
说话	理发	蜂蜜
跳舞	震惊	寂静
蜂蜜	强壮	好斗
马甲	幼崽	盆
封面	大	粉末
提高	膨胀	茶
样本	倚靠	快速
成熟	嗅	处理
公共演讲	跛行	膝盖
宽阔	建造	减少
笔记	鸟巢	展示
天赋	条件	蜂蜜
测试	净化	蛋糕

拍摄	鸟	连贯
画画	点燃	道歉
忠告	鱼	公共演讲
声望	说谎	游泳
母亲	蜂蜜	祈祷
蜂蜜	跪下	自己
中间	可有可无	合作
淫秽	风	占有
失去	军队	蜂蜜
金鱼	节日	听见
炸弹	按钮	缺乏
羞赧	方法	奇妙
公共演讲	画画	警告
允许	嗅	吉祥
粉丝	部分	记录
日期	小孩	手套
响亮	旅行	

你记住了多少个词语？
你记住吉祥、记录和手套了吗？
或是奥普拉·温弗里❶？
蜂蜜？

---

❶ 奥普拉·温弗里（Oprah Winfrey），美国"脱口秀女王"。——译者注

公共演讲？

大多数人记住了上述几个词语。

吉祥、记录和手套在词语表的开头和结尾都有出现。

奥普拉·温弗里这个名字在一列中连续出现三次，而且是词语表中唯一的专有名词。

蜂蜜一词重复出现了五次。

此外，公共演讲作为本书的主题，自然也容易被记住。

增强观众记忆的五大原则

正如上文的记忆测试表明，演讲时可以利用五大原则来增强观众记忆。它们是首因（primacy）、重复（repetition）、突出（outstandingness）、自我关联（personal association）和近因（recency），首字母缩写为PROPAR。这一缩写有利于你记住这些记忆原则！

我们往往会记住首先进入大脑的信息，因此第一印象十分重要。心理学家把这种现象称为首因效应。我们之所以能够记住吉祥、记录和手套，就是因为这三个词最先出现。我们也倾向于记住最后进入大脑的信息，词语表的最后再次出现了吉祥、记录和手套这三个词。心理学家把记住最后发生事情的倾向称为近因效应。如果没有受过专业的记忆培训，普通人一般记不住词语表中间的内容。当然也有例外，比如重复出现的词语。重复能够加深记忆。请允许我重复一

遍：重复能够加深记忆。没错吧？此外，我们也更容易记忆
与众不同的事物。奥普拉·温弗里不仅是个杰出的人物，也
是词语表上唯一的专有名词。最后，如果一件事物能够引起
特别的自我关联，那么也能为我们所记住。例如，你现在正
在阅读这本关于公共演讲的书，因此公共演讲这一词语已存
在于你的脑海中，经过重复出现、突出显示（词语表中唯一
的短语）后，你把这个词语记得更牢了。

所以演讲时用来增强观众记忆的五大原则有哪些？只
需记住PROPAR！首因、重复、突出、自我关联和近因。

想想一般的演讲，你最可能记住哪些部分？大多数人
回答开头和结尾，他们说得没错。观众往往会记住演讲开头
的部分，要是结束时还清醒，也能记住演讲者最后说的话。
至于中间讲了什么，观众一般很快就忘记了。

那么如何利用首因效应和近因效应，来加深观众对演
讲主体部分的印象呢？

方法是结合使用以上五大原则，形成一套简单却有效
的策略，从而使演讲内容深入人心。有效的沟通需要融合理
解与记忆，PROPAR原则便是实现两者融合的秘诀。接下来
让我们看看各个原则的运用方法。

首因

设想一下周一早上，你的同事走进办公室说："咱们要
去旅行了。"你脑海中冒出的第一个问题很可能是："去哪

儿?"一旦知道了目的地，你又会问："咱们为什么要去那儿?""怎么去?"

　　演讲就是一场沟通之旅。观众想知道你打算把他们带往何处，前往该处的原因，以及如何到达目的地。因此，在你演讲的前几分钟：

　　与观众建立联系。如果你的同事善于沟通，她会在宣布旅行计划前花时间与同事建立联系。例如，进门时先打个招呼："早上好，你们好吗?"辅之以自然的眼神交流，这种建立联系的方式简单又不失真诚，也为接下来的合作奠定了基础。演讲也同样适用。

　　1980年，东尼·博赞和我前往南非索韦托，为当地五百多名孩子举办为期三天的演讲。第一天早上，我上台跟他们打招呼："早上好!"这些习惯了机械式教学的孩子了无生气地回答道："早上好，先生。""不，你们没能理解我，我真正的意思是'早! 上! 好!'"待我说完，孩子们咯咯笑了起来，五百多张笑脸在我面前绽放，他们敞开了学习的心扉，大声叫喊道："早! 上! 好!"可见，一旦我们在演讲开始时与观众建立起联系，我们就为轻松、顺畅、有效而难忘的演讲做好了铺垫，但这件事做起来并不容易。

　　不久前，我前往土耳其首都安卡拉发表主题演讲，现场观众有一千多人。我前面的演讲者是位政府高级官员，虽然他讲的是土耳其语，但不难看出其演讲枯燥无趣，而且超时很久。待他结束演讲，主持人上台用土耳其语介绍我。当我走上舞台时，这位政府高级官员和他的二十余名随行人员（均坐在前两排）纷纷起身，陆续走出现场，场面一度混乱。我耐心等待，直到他们全部离开，又稍等了片刻，然后看着观众说道："Merhaba（土耳其语你好）!"掌声响起，我知道此刻我已与观众建立起了联系。于是我接着说道：

> 在我来这的路上，发生了一个奇迹，我想与你们分享。上周，我乘坐一架美国航班，从新墨西哥州阿尔伯克基市飞往纽约，该航班没有提供任何餐食。几天后，我又乘坐一架意大利航班，从纽约飞往罗马。这架航班虽然有餐食供应，但味道很差，令我感到失望。昨天，我乘坐土耳其航空公司的航班，从罗马飞往伊斯坦布尔，他们供应的飞机餐很美味。之后，我又从伊斯坦布尔转机前往安卡拉。途中，奇迹发生了，这个航班也提供了美味的餐食。虽然飞行时间较短，但我品尝到了土耳其名菜慢炖羊肉和烤茄子，味道非常不错。感谢，感谢土耳其航空！

是的，你猜得没错，土耳其航空公司是此次活动的赞助商。其实，你不必去深入了解土耳其文化，你只需花很短的时间做些调查，学几句简单的土耳其语。用土耳其语跟观众打招呼营造了积极的首因效应。此外，当我讲述旅途经历时，观众们也放松下来，与我建立起了联系，从而乐于接受我下面所要讲的内容。

一旦与观众建立起了联系，就要让他们知道你将带其前往何处、为何前往、如何到达目的地。因此，你需要在一开始便阐明本次演讲的要点，并确保这些要点满足观众需求，令其受益。当你传递的信息与观众的需求点契合时，便能成功吸引他们的注意。

如果一次演讲超过20分钟，最好在开头展示演讲的整体框架，给出概述。如此，观众便可大致了解你的演讲内容，做好相应的心理预期。换句话说，如果告诉了人们旅行路线，他们会更愿意与你一同前往。

最近，我在马萨诸塞大学洛厄尔分校曲棍球馆举办的医药未来领袖会议上，向现场九千多名观众发表主题演讲。当我从幕后走出来时，发现人们挤在舞台边缘，看上去就像一场摇滚演唱会，有一个完美的起飞区，可以进行舞台跳水[1]和人体冲浪[2]。我不自觉地跑起来，假装要跃入人群！我问道："你们会接住我吗？"现场观众大笑并欢呼起来。这时，我们便建立了友好关系。本次演讲的主题与我在1998年出版的一本书同名——像达·芬奇那样思考，以下是我的开场：

---

[1]　摇滚用语，表演者爬上舞台然后平伸身体跃向台下，并被观众接住。——译者注

[2]　摇滚用语，观众举着表演者，来回传递，从他们的头上经过。——译者注

　　　　Buona sera（意大利语下午/晚上好）! 列奥纳多·达·芬奇和超人是我儿时的偶像。超人只是个虚构的漫画人物，我还记得当我发现这个真相时的失落感，但达·芬奇确是真真切切存在的。我对达·芬奇了解越多，越觉得他令人惊奇。我去过他的出生地，也拜访过他辞世的地方。我跟随他的足迹，试着从他的角度认识世界。我把他的笔记读了一遍又一遍，又去世界各地藏有他的伟大作品的博物馆参观。我还采访了许多研究达·芬奇的著名学者。在我做这些事情的时候，我的脑海中始终存在一个问题：我们可以从达·芬奇身上学到什么? 或者说，达·芬奇试图教会我们什么? 我开始梦到他，并且从这些梦境中，总结出了七条原则。

　　接着，我补充了些相关的背景知识，然后以下面这段话结束了开场："现在，我们将一同走近人类有史以来最伟大的天才之一——达·芬奇，开启一段美妙的思想之旅。演讲结束时，你们会有两大收获：①学会从达·芬奇的智慧中汲取灵感，从容应对生活中的各种挑战。②学会运用达·芬奇的思考方式，让自己变得更具创造力，迎接更美好的生活。你们准备好了吗"（观众鼓掌欢呼，表明他们的热情）。

　　演讲开头的几分钟非常重要。我之所以分享以上案例，是为了启发你去思考如何把握好这段时间，发挥首因效应，以自己独特而真实的方式与观众建立联系，并从观众的需求出发，传递关键信息。

重复

关于沟通，人们存在一个普遍观念：观众听懂了你说的话，他们就能记住这番话，其实不然。如果想让观众记住你所传递的信息，你就必须重复。告诉观众你的演讲话题，然后讲述这个话题，最后重复这个话题。许多卓越的演讲者都会停下来回顾已经阐述的要点。

当然，重复并不意味着单调。你可以使用幻灯片或其他创意手段来强化要点。比如，用一个短句来概括你的演讲内容，并有节奏地进行重复。像马丁·路德·金（Martin Luther King Jr.）"我有一个梦想"及穆罕默德·阿里（Muhammad Ali）"我是最伟大的"一样，这种方法既具创意又卓有成效。

确保重复所有要点。有一次，我与一位演讲者同台演讲，他的目的是为一项新的教育项目寻求支持。他对这一项目非常乐观，慷慨激昂，在短短20分钟内重复了无数次："我们一定能成功！"他的热情与投入毋庸置疑，观众也明显受到鼓舞。但后来，我向某位观众询问本次演讲的主题，他回答称："我不确定，但不管是什么，我们一定能成功！"因此，一定要小心谨慎地选择需要重复的内容。

有时我会与人们分享脑力与年龄的话题。大多数人认为，随着年龄的增长，大脑功能无法改善。而我的演讲目标之一，就是打破这种观念，让观众接受我的观点：大脑越用越聪明。为了支持这一论点，我引用了大量科学证据和有趣的故事。此外，如果时间充裕，观众又对这个话题特别感兴趣，我还会接着分享："如何使用大脑，才能越用越聪明?"我通常会把"大脑越用越聪明"这句话放在演示文档上或写在白板上（小型非正式演讲），观众走进现场就能看见。同时，在整个演讲过程中，我也会多次重复这句话。我的目标是：如果你问一位观众他从本次演讲学到了什么，他将告诉你："我学到了大脑是越用越聪明的。"也许他还会继续说："我还学到了有效使用大脑的三种方法，运用这些方法，我就能改善大脑功能。"

正确运用重复原则还有最后一个诀窍，即"三点法则"。当我们用三个关键词或短语来分享并重复信息时，就会产生神奇的魔力。罗马演说家的灵感来自一句格言：凡事列举三点，就是完美的（Omne trium perfectum）。从尤利乌斯·恺撒（Julius Caeser）的"我来，我见，我征服"到史蒂夫·乔布斯（Steve Jobs）对平板电脑（iPad）2系列的介绍"更薄，更轻，更快"，三点法则为演讲制造了强有力的记忆点。

突出

如果你想让观众记住你的演讲内容，那就必须使其与众不同，最简单的方法就是讲故事。你家里有廉价的首饰、花哨的摆设、地摊上买的工艺品或其他五花八门的废旧杂物吗？这些东西是不是已经在家里囤放好多年了？你考虑过举行庭院拍卖或在线上将其出售吗？

十几年前，记者罗布·沃克（Rob Walker）在易趣网上以平均每件不足3美元的价格进购了200件这样的物品。随后，他联系了200名作家，请每个人任选其中一件物品来虚构一则故事，就像邮购❶大师彼得曼（J. Peterman）为小摆设创建商品目录一样。剧作家尼尔·拉布特（Neil LaBute）挑选了一根形似小兔子的蜡烛，创作了一篇名为"金兔宝宝"的故事。这篇文章短小精悍，引人入胜，文中写道："我知道真相，也许只有我一个人知道，这根蜡烛是由真金做成的，里面藏着一只活生生的小兔子……如果有一天，我心情很好……我们可以一起点燃这根蜡烛，让小兔子获得自由。"结果这根入手价3美元的蜡烛，最终以112.5美元的高价售出。许多情况下，如果把有故事的商品和没故事的商品放一起销售，即使人们知道这些故事纯属虚构，前者的售价也要比后者高出很多。

讲好产品背后的故事，可以极大地提升观众对该产品的感知价值。而且，好故事不仅吸引观众，还吸引讲故事的

---

❶ 邮购是指商家通过邮寄商品目录、发放广告宣传品等渠道，激起消费者的购买欲望，并通过邮寄的方式将商品送给消费者的零售业态。受网购业务冲击，各大邮购公司已经慢慢退出历史舞台。——译者注

人本身，使其在演讲时表现得更加轻松自然。我有许多一开始患有舞台恐惧症的客户，他们后来发现克服恐惧的一大秘诀便是编撰动人的故事，进行创意演讲。

这些客户包括一家企业内部的养老金投资团队。他们给自己设定了一个目标——分拆成独立的公司。当时，一家外部公司控制着该部门储蓄计划的运营权利。为了实现这一目标，团队首先得说服公司的养老金和福利委员会把运营权转移到自己手上。该基金投资项目主管要求团队每位成员构思一个令人信服的故事，向委员会证明相比那家外部公司，团队对公司的投资理念有着更好的理解，也能以更高的成本效益管理投资。

在战略会议上，很明显我们想让观众（养老金和福利委员会）知道：我们要比外部公司更加了解价值投资；我们能够大大提高资金管理的成本效益。我们想让观众感受到：与我们团队合作的舒适感和信任感。我们想让观众采取行动：转移资金运营的控制权，最终允许团队分拆成新企业。

根据这些目标，每位成员都设计并发表了包含故事或展示的演讲。与团队成员一样，风险投资主管史蒂夫（Steve）虽擅长分析，但性格内向，每次进行公共演讲都会感到不自在。然而，为了实现分拆的目标，他躬身入局，直面挑战，通过"储蓄是一项被低估的资产，在其团队的管理下可以得到更好的经营"为主旨的演讲说服了委员会成员，最终达成了目标。演讲开始时，史蒂夫首先同委员会成员们打招呼致意，并向他们简单介绍了本次演讲的内容。随后，他在会议桌上摆放了多枚5分、10分和25分的硬币，摆放的位置正对委员会最高领导。他问道："桌上的这些硬币值多少钱？"

委员会成员们数了数，其中一位用不耐烦的口吻回答道："1.5美元，你想说明什么？"在培训时，我们已经为史蒂夫设想到了这个场景，因此他早有准备。只见史蒂夫停下来，挺直身体，微笑着说："可以请你们再仔细看看这些硬币吗？"这时，委员会成员之一、公司首席财务官注意到其中一枚25分硬币是银制的，他喊道："哦！这里有一枚银币，现在很少见了。这枚银币的价值大概是其面值的五六倍。"接着，史蒂夫给这位首席财务官递了个放大镜，请他再仔细看看。

"哇！"首席财务官惊叹道："这枚硬币有个特殊的铸币标记，可以说是件古董，真实价值要比票面价值高出好多倍！你从哪里得到的？"

史蒂夫没有直接回答，他先将硬币传阅，确保每个人都看到并摸到了这枚硬币，然后把它收起来，放回口袋。他停顿了一会说道："这是我为本次演讲特意跟别人借的。其实，我们的储蓄好比这枚银币，是放口袋里却被低估的资产。现在请让我向你们展示如何更好地实现它的价值。"随后，他又以数字为证，讲述了一个逻辑性强且颇具说服力的案例。史蒂夫的演讲方式加深了观众对关键信息的记忆，他在演讲时表现出的镇静自若也吸引了委员会成员们的注意，树立了他们的信心，从而建立起信任之感，最终获得了这项价值70亿美元的储蓄计划运营权。

演示、故事、幽默与戏剧效果在专业、复杂而详细的演讲中显得尤为重要。一个精彩的故事不仅可以为演讲增添趣味，还可以提升观众的注意力、参与感和记忆力。运用突出原则的关键在于把故事与你想让人们记住的最重要的点联系起来。在养老金的案例中，史蒂夫把意外发现银币与他想传递资产被低估这个信息联系起来，简单、直接、难忘而有效。

为什么在演讲中穿插故事如此重要？神经经济学家、美国克莱蒙特研究生大学教授保罗·扎克（Paul J. Zak）解释说："我的实验表明，包含情感内容的人物驱动型故事有助于观众更好地理解和回忆说话者想要表达的观点。而论及影响力，一般的演示文稿型演讲完全无法与之匹敌。"

扎克补充道："古希腊智者普罗泰戈拉（Protagoras）提出'人是万物的尺度'。我建议每位商务人士演讲时，都用一个引人入胜的人物驱动型故事作为开场：为什么人们应该在乎你的提案？这个提案将如何改变世界、改善生活？当提案落实后，人们会有怎样的感受？正确回答这些问题有利于提高演讲的说服力和可记忆性。"

要做到这一点，关键是像史蒂夫那样，找到一个让你觉得分享起来十分自然的故事、演示、比喻或玩笑。我在"秘诀1"中提到，形成职业化思维十分重要，原因之一便在于此。因为对于职业演讲家而言，在日常生活中发现并有意识地积累这些故事是自然之举。

自我关联

你与朋友正在聚会中聊天，周围一片嘈杂喧闹。突然你听见有人提到了你的名字，于是你的注意力一下子就被吸引了，这就是自我关联的力量。

人们倾向于关注并记忆与自身相关或对自身有意义的事情，而不会留神关注他们并不在意的事情，就算关注了也很快就会忘记。设计好与观众息息相关的信息后，你现在必须以最大化观众参与度的方式来传递这些信息。

史蒂夫银币演讲的成功，不仅在于突出原则的正确运用，还在于其让观众参与进来的技巧。在会议桌上摆放硬币、提出巧妙的问题等，这些举措缩短了史蒂夫与观众的情感距离，将委员会的角色从评委转变为本次演讲的共同探索者。

那么如何才能最大化观众参与度？最简单的方法就是提问，不论是常规提问还是修辞性提问❶。你知道向观众做修辞性提问能够极大地提高其注意力，方便其日后回想吗？如果我提了些你感兴趣的问题，会发生什么？你可能会开始思考、参与，进而建立联系，形成自我关联。

抓住每一个让观众参与进来的机会。开场时，可以邀

---

❶ 修辞性提问是以问题形式表现出来的一种语句，使用者并不期望得到回答。演说家常使用修辞性提问引导观众思考，并让他们自发在大脑中回答问题。——译者注

请观众完成一项与演讲相关的任务、测试或挑战，让其参与进来，快速进入状态，成为演讲的共同创作者。例如，我举办过多场关于年龄与脑力的演讲，几乎每次开场时我都会问观众："在座哪些人超过30岁？"我自己先举手，接着许多观众也纷纷举起手来。然后我问道："哪些人还没满30岁？"这时，没满30岁的观众举起了手。于是，现场每个人都参与进来了。我又接着提问："随着你们迈向或超过30岁，记忆力会发生什么变化？"人们开始在脑海中思考这个问题，答案通常为记忆力会随着年龄增长而衰退。随着演讲的展开，我又进行了一系列修辞性提问，并以事实证据为依据，给出相应的答案。在演讲中，我还会花10分钟左右的时间教观众如何提升记忆力，并在这一技巧培训前后给观众各做一次记忆测试。记忆技巧培训前，观众测试平均得分为4分（满分10分）；培训后，多数人取得了满分的好成绩。换句话说，为了说明随着年龄的增长记忆力可以得到改善，我不仅展示了一系列数据，还邀请观众亲身体验，这为原本枯燥的数据赋予了更多意义，也便于观众记忆。

因此只要有可能，利用提问、测试等环节来创造情境，让观众自己发现信息。

Education（教育）一词来源于词根educere（引导、引领）。然而，我们多数人成长过程中接受的往往是"填鸭式教育"。演讲人有责任引导观众自己探索和发现信息，而不是把想传达的信息直接告诉他们。

近因

随着演讲接近尾声，你还剩最后一次实现目标的机会——确保观众所知、所感、所为符合你的演讲目的。现在你必须"完成观点的推销"。美国诗人、翻译家亨利·华兹华斯·朗费罗（Henry Wadsworth Longfellow）强调："善始固然伟大，善终尤为可贵。"美国单口喜剧演员杰瑞·宋飞（Jerry Seinfeld）也曾评论道："最响亮的笑声要留到最后。"

在演讲最后一部分，回顾整体框架，重复要点，并发出行动号召。邀请观众回顾演讲的主要内容，并向其解释如何运用从本次演讲中所学到的知识和技巧，最大化自由联想，从而更好地实现目标。此外，如果情况允许，还可以让现场观众做出具体承诺，保证将新知识运用到实践中去。

近因效应适用的层面不局限于内容，还包括情感。一个出色的演讲，其结尾总是强而有力，能够把整个演讲推向高潮。然而，许多演讲者往往因为超时而破坏了近因效应。因此，一定要规定自己按时或提前几分钟结束演讲。观众意犹未尽总比他们盼望早点结束要好。

记忆原则（PROPAR）的力量

不论带来的结果积极与否，人们总是在有意或无意地运用记忆原则（PROPAR）。而之所以会产生不良结果，首先是因为演讲者创造了消极的首因效应。他们常常以道歉或拙劣的自谦作为开场，例如："对不起，我没有足够的时间准备演讲。""在座各位德高望重，我何德何能，竟能站在这里演讲。"其次，他们总在一遍又一遍地重复"呃""啊""比如""你知道的"等无意义的填充词或无时无刻不在的口头禅，而非精心设计的关键信息。因此当观众被问及听完本次演讲有何收获时，他们往往回答："嗯，啊，比如，你知道的，其实我不太确定。"再者，如果没有采取与众不同的形式来呈现演讲，那么观众很快便会忘记，尤其是没有提问、测试、分享故事及案例等环节的演讲，由于观众无法亲身参与其中，因此更容易遗忘。最后，在结尾部分，如果演讲者再次道歉或自谦，例如"很抱歉我没能讲得面面俱到，感谢你们的宽容，感谢你们宝贵的时间"，他们便无法发挥近因效应的积极作用。总之，以上对记忆原则（PROPAR）的误用，造成了演讲的浮躁乏味，很快被观众忘记。

为了理解记忆原则（PROPAR）的力量，请思考广告这一重要的传播手段所运用的策略。当你收看电视时，突然进入广告时间，这时会发生什么？你会发现，屏幕颜色变得更鲜艳了，电视音量变得更大了。这就是首因策略的应用，以免观众将电视静音或切换频道。

你可能已经注意到，上网时，只要搜索某样东西，与之相关的广告便铺天盖地袭来，不断重复着产品名称。这是什么原因？市场调研充分表明，许多人完全依靠产品知名度而做出购买决策。根据用户的搜索历史及购买偏好分析，商家或平台试图抓住用户痛点，有针对性地推送相关商品，激发用户购买欲望。例如，如果算法认为你是单身，你会收到根据程序计算的约会广告。如果算法认为你已步入老年，你便会看到很多与慢性病、保健、护理、养生相关的广告。

虽然现在网络营销的手段越来越高明，但传统媒体仍在发挥作用。美国特拉华州威尔明顿市郊外95号公路上，矗立着一块巨大的广告牌，上面既没有模特开怀畅饮的图片，也没有赞美产品优点的信息，只有两个单词：BUD LUGHT（百威淡啤）。是的，只有这两个单词，但人们上下班都会路过这个广告牌。简单的重复便可提高产品销量，出产百威啤酒的安海斯–布希公司深谙此道。

广告和公关公司为了将客户的产品植入你的脑海，持续不断地寻找新方法。他们通过传递与众不同的信息来吸引你的注意力。

最复杂巧妙的广告往往强调自我关联。像麦当劳和美国电话电报公司这类公司，尤其擅长创设温暖而触及人心的场面，从而打动受众，做出购买决策。此外，大公司大多会进行精准营销，根据不同的人口特征有针对性地推送信息，力图讨好每一位潜在顾客。

那么广告又是如何结尾的呢？通常情况下，它们会重复一遍产品名称或电话号码，或是让代言人靠近产品并拍摄特写。有的广告则以行动号召结尾，如："即刻发送信息""点击链接，大量产品永久免费""拿起电话，立即拨打"，同时配上形象代言人发信息、点链接或拨号的画面，提醒受众购买产品的方法。

为什么有的广告公司要花费数十亿美元使用记忆原则（PROPAR）来制作愚蠢的广告呢？因为这类广告很有效。不论我们是否喜欢，记忆原则（PROPAR）总是在起作用。它可以用来作恶，也可以用来行善。希特勒（Hitler）、斯大林（Stalin）、丘吉尔（Churchill）、马丁·路德·金、甘地等大人物的演讲均能体现记忆原则（PROPAR）。

运用记忆原则（PROPAR）时，请发挥其积极作用，同时保护自己免受消极作用的影响。在这个媒体无孔不入的时代，广告商、社会团体等不断地争夺用户心智。利用对这五大原则的了解，可以帮助你在学习成为演讲者和领导者的过程中，保持思想自由、思维灵活。

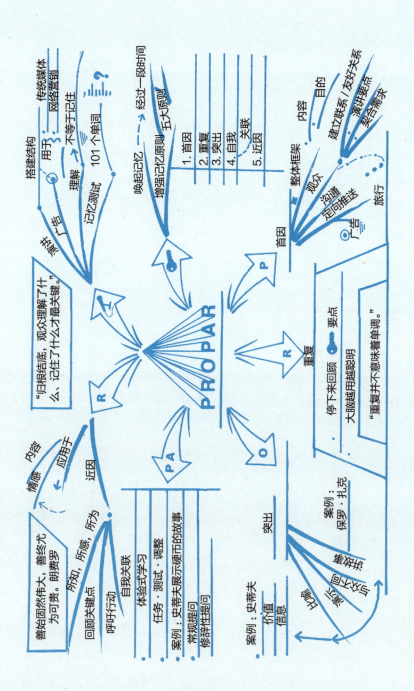

搭建结构
传统媒体
网络营销
用于
不等于记忆
理解
记忆测试 101个单词

唤起记忆 ----> 经过一段时间
增强记忆顺应叫
五大原则
1. 首因
2. 重复
3. 突出
4. 自我
5. 近因

目的
内容
建立联系 / 友好关系
演讲要点
迎合需求
观众
首因
世间/沟通
迎合推销
广告
旅行

PROPAR

R
重复
停下来回顾 要点
大脑越用越聪明
"重复并不意味着单调。"

P

案例：扎克
保罗·扎克

O
突出
比喻
价值
信息

案例：史蒂夫

"归根结底，观众理解了什么、记住了什么才最关键。"

R

内容
情感
应用于
近因

善始固然伟大，善终尤为可贵。朗费罗

所知，所感，所为
回顾关键点
呼吁行动
自我关联
体验式学习
任务·测试·调整
案例：史蒂夫展示示硬币的故事
常规提问
修辞性提问

P A

秘
诀

所有演讲，皆为秀场

不论是广告、销售演示，还是号召人们参与保护当地湿地的集会，记忆原则（PROPAR）决定了我们可以记住多少内容。这些原则也是舞台表演的秘诀。所有的公共演讲，包括商业演讲和学术演讲，都是舞台表演，只是有的精彩有的乏味而已。因此我们可以说，所有演讲，皆为秀场。

舞台布置

几年前，我曾接到通知，要在一家电信公司巨头的外部事务和公关部门会议上发表演讲。该会议旨在为新的广告战略谋求支持，战略内容包括将公司所有广告预算（数百万美元）转移到一个新的代理机构中去。会议口号为："我们需要你的支持！"

这家公司租用了一家豪华酒店的大宴会厅，并为新广告战略的演练投入了一大笔资金。他们还提供了内容全面、设计精美的手册以及一流的茶点。我的演讲主题为"迎接改变的挑战"，时长8分钟（这是我每分钟收入最多的一次）。

为了了解观众，熟悉环境，我很早便抵达现场。遗憾的是，座位安排和舞台布置非常糟糕。400多名观众坐在黑暗之中，灯光聚焦在舞台侧边宛如奥林匹斯山那般高的讲台上，演讲者则站在讲台后面进行演讲。我还发现讲台上有个升降按钮，演讲者可以调整讲台高度。

公司管理层本想传递包容、赋能和激励的信息，但这样的环境布局很可能让观众产生距离感，认为自己没有得到平等的对待。

我快速在思维导图上添加了一个新的观点，并提前与灯光师和舞台工作人员做好沟通。随后，我在昏暗的候场区坐下，耐心等待。到我上场了，待主持人介绍完毕，我在黑暗中快步穿过中间的过道，跃上舞台，走到讲台后面。我猜现在在观众眼里，我和前几位演讲者一样，除了头部，其他什么都看不到。

演讲开始时，我故意用单调沉闷的声音谈论变化及其所带来的压力和焦虑，以及当人们需要寻找新的合作方式时，焦虑如何在他们之间制造障碍。提到"障碍"一词时，我按下了上升按钮。随着讲台升高，我消失在观众的视野中，但还在继续演讲。在"消失"的15秒里，我详细阐述了变化带来的挑战及其对沟通的影响，其间未做片刻停顿。

待这部分结束，我从讲台后面跳出来，一改沉闷的语气，开始用情感充沛、充满活力的声音强调克服障碍的重要性。我激励观众发现自己的力量，勇于做出改变，这时聚光灯仍然照在我身上。但接下来，当我开始强调自我赋能的主题时，聚光灯突然转变方向，投射到每位观众身上。现场顿时响起雷鸣般的掌声。

现场环境会对演讲效果产生十分重要的影响。原创媒介理论家、思想家马歇尔·麦克卢汉（Marshall McLuhan）

提出："媒介即信息。"演讲环境有时会比语言更有说服力。也许你不必像我在上文分享的案例一样，对演讲环境做出巨大改变，但你可以精心布置舞台，从而为观众带来更好的体验，提高演讲的有效性。

灯光、空气质量、会场布局、视听设备、演讲者着装等因素一方面会深刻影响观众欣赏及记忆演讲的能力，另一方面也会影响演讲者在舞台上的自信心与舒适感。

单口喜剧可能是最具挑战性的公共演讲形式。美国单口喜剧演员杰瑞·宋飞认为，环境，确切地说会场环境，是决定演讲成败的"关键因素"，"起到了80%的作用"。现场氛围、视线设计、灯光音响等因素都会对演讲效果产生或好或坏的影响。职业演讲家深知对环境做出相应调整的重要性。为了充分发挥演讲环境的积极作用，请把这些影响因素牢记在心。

空间、氛围与设施

确保演讲场地能为每位观众提供足够的空间。根据演讲类型，重新摆放座椅（如有必要，也可调整桌子位置）。若观众人数在25人及以下，U形会议桌座次最为有效，因为这种设计便于互动，能最大化观众参与感。若观众人数超过25人，建议选取改进后的教室型会场。

无论采用何种座位布局，都尽量把空着的座椅移出会场，或至少把它们移到一边。空位会对观众造成干扰，在不知不觉中转移他们的注意力。同样，其他不相干的物品也都拿走，如上一位演讲者留下来的图表或视听设备等。如果现场提供可供书写的白板，上面有其他演讲者留下的信息，请在演讲开始前将其擦除。

布置会场和设施，便于与观众建立联系。开始演讲前，试着把自己当成一名观众，坐在会场最后一排，想象参与演讲的场景。如果是线上演讲，背景十分重要，记得要从观众的视角考量你的"舞台"，确保他们通过屏幕观看演讲时，也能感到愉悦舒适。

许多演讲都安排在了无生气的普通会议室进行，然而沉闷枯燥的演讲往往会影响观众思维的敏捷性。因此，尽量把会场装饰得更有生气活力。一些摆放得当的鲜花、绿植可以提升空间美感，提升观众的活跃度，从而使观众更愿意接受你的观点。

此外，还需考虑空气质量和室温问题。大多数演讲场所通风不良，室内不是太冷，就是太热。空气闷热容易让观众昏昏欲睡，室温偏高或偏低也会对演讲造成持续干扰。因此，须确保演讲场所通风良好，室温维持在大约20℃。通常情况下，空气质量和室温可以通过开关门窗来调整。如果不能达到理想温度，宁可让会场偏凉也不要偏热。

灯光

与室温类似，演讲会场的灯光常常过明或过暗。我个人偏向于明亮的灯光，毕竟没有谁想让观众身处黑暗，思维昏沉。如需在大型场合演讲，提前上台排练，并记得打开聚光灯。因为如果没有做好准备，突然亮起的聚光灯可能会让你眼花缭乱，甚至造成一片迷茫。同时，检查一下是否存在反光，以免影响幻灯片等视听材料的播放效果。

讲台

工作人员布置舞台时，常常把讲台摆放在舞台中央，而我建议将讲台移至舞台一侧。开场时，演讲者可以站在讲台后面讲话，但如果全程都躲在后面（很多人这么做），便很难与观众建立联系，他们很可能认为你只是个"会说话的脑袋"。因此，练习走出讲台，与观众进行互动。你可以以讲台为基座，把思维导图和水杯留在讲台上，但必须尝试摆脱对讲台的依赖，打破这个横亘在你与观众之间的障碍。

音乐

音乐有助于吸引观众注意力，提升情绪。挑选最适合你的背景音乐。我喜欢在入场时播放莫扎特（Mozart）的《费加罗的婚礼》（*Marriage of Figaro*）序曲或范吉利斯（Vangelis）的《烈火战车》（*Chariots of Fire*）；中场休息时播放格伦·米勒（Glenn Miller）的《兴致勃勃》（*In the Mood*）；演讲结束时播放亨德尔（Handel）的《哈利路亚大合唱》（*Hallelujah Chorus*）或贝多芬（Beethoven）的《欢乐颂》（*Ode to Joy*）。另外，你也可以制作一份演讲前使用的歌单，虽然这些音乐不一定使观众获益，但将帮助你振奋精神，缓解紧张情绪。

灯光、讲台、音乐等布置舞台的要素，单看可能无法显著提高演讲效果，但如果结合在一起，就会产生很大的不同。虽然有时很难用我所建议的方式来操纵环境，但如果你能坚持，就会取得意想不到的结果。不论你在自己组织内部做演讲，还是受邀参加外部演讲，你总是可以为自己创造更好的条件，毕竟这最后的结果将是一件皆大欢喜的事情。

准备演讲时，将你对演讲环境的各项要求制成一份清单，提前寄给负责场地布置的一方，并通过电话沟通，逐项跟进。演讲当天，提前到达现场，检查细节，做出最后的调整。

布置舞台的同时，还有几件事情需要考虑。

仪表

在我刚成为一名职业演讲家的时候，参与商业演讲的观众着装要比现在正式得多，观众也期望演讲者穿着正式。当时，我在伦敦著名的裁缝街❶购买了一套手工定制西装，那是我最早的一笔大额投资，那套西装我穿了好几年。后来，西装和领带逐渐被商务休闲装取代，我见证了从"休闲

---

❶ 裁缝街，伦敦西区一条两百多年历史的小街，聚集并培养了世界一些最顶尖的裁缝师，是高级定制男装的圣地。——译者注

星期五^❶”到"休闲每一天"的转变。然而，仪表仍然是演讲者最有力的视觉呈现，观众往往会以"衣"取人。穿着越随意，观众越觉得你真实，最好是穿得像刚从床上爬起来那样，这是目前演讲着装的一大趋势，尤其是对于线上视频演讲来说。尽管如此，正式演讲场合中大多数观众还是会关注演讲者着装的每个细节：你的衬衫合身吗？皮鞋擦亮了吗？鼻环是不是太大了？如果不确定，可以在第一轮休息时溜进洗手间隔间，听听周围的对话。

为了减少人们对你着装的负面评论，避免仪表对信息传达造成干扰，请遵循以下建议。

选择让你觉得舒适自信的服装和妆容。在不确定的情况下，选择偏正式和保守的服饰。

确保服饰搭配得当，无论色彩还是面料都与你相得益彰。

注意细节。擦亮鞋子，熨平衣服（即使只是T恤衫），刮干净外套上的毛球，展现并享受你的最佳状态。

穿得比观众更正式一点。虽然观众的着装一年比一年随意，但大多数机构或企业仍有职位级别的区分，有点类似军队。当你身穿下士的军装站在一群少校中间，他们很可能把你送去喝咖啡；若穿得像名上校，他们则会向你敬礼。

形成自己的风格。如果可以，挑选几套好看又合身的

---

❶ 休闲星期五，指平时对着装要求严格的公司，在星期五这一天允许员工穿着休闲服装。这一着装趋势的流行缘于人们厌倦了工业时代统一、标准的生活方式和着装方式。——译者注

衣服，专门在演讲时穿，让其成为你卓越气质的一部分。

走进演讲会场或开启摄像头前，养成照镜子检查仪表的习惯。牙齿里不小心卡住的菜叶会成为观众散场后的谈资。因此上场前，把该系的都系好，该塞的都塞好，该拉的都拉好，确保仪表得体。

著名插画家、职业演讲家布莱恩·韦勒用自己的经历强调了拉好拉链的重要性。

在我12岁时，伟大的作曲家本杰明·布里顿（Benjamin Britten）选我担任其《圣·尼古拉斯》（*Saint Nicholas*）首演的独唱，在伦敦威格莫音乐厅进行演出，当时台下坐着上千人。

幕间休息时我去了趟厕所，意外发现裤子前门襟拉链开了！观众不会注意到了吧？我顿时惊慌失措，颤抖着大哭起来，难以自持。这种感觉既糟糕又强烈，但我知道我不可以落荒而逃，还得回去继续下半场的演出。束手无策，我只能任由恐惧席卷我的全身，但过了一会，奇妙的事情发生了。随着情绪风暴逐渐平息，我感到如释重负。于是我拉好拉链，做了一个深呼吸，重新回到舞台。幸运的是，这场音乐会十分成功。后来的很多年里，我一直没有谈论过这次崩溃，但正如你们所想，每次公共演讲之前，我都要检查一下自己的裤子拉链有没有拉好！

布莱恩的故事蕴含的道理可远不止上台前拉好拉链那么简单，他接着分享道：

凭借事后的领悟，再加上多年职业演出的经验，我现在能够客观地看待这件事情。我偶然发现，转化恐惧的秘诀便是与恐惧共处。当时，我的情绪如暴风雨般强烈，以至于我别无选择，只能屈服，任由恐惧席卷全身。但随后，我获得了一种自由之感，这种感觉立马平复了我的心情，让我得以将注意力重新集中到演出和观众身上。这次经历激发了我的好奇心，我开始探索思维的本质，思考与恐惧共处在演出和生活中发挥作用的奥秘。

视听媒体辅助

正确使用视听媒体辅助可以极大地提升演讲的影响力、有效性和可记忆性。演讲开始前，测试演示文档、活动挂图、影音文件等是否可用，同时确保这些视听材料从会场各个角落都能被看清、听清。

借助视听媒体辅助来强调关键信息。不论你用的是活动挂图、演示文档，还是其他媒介，尽量不要在上面展示过多细节内容，否则观众将无法跟上你的演讲。运用KISS原则，确保所有的视听材料简单清晰。听从人类学家玛格丽

特·米德的建议——如果智力正常的12岁孩子无法理解你所
展示的视听材料，那就不要用它。

视听媒体是吸引观众注意力的有效工具。合理使用，
确保观众观看的内容与时间点与你的预设相符。

演讲者才是信息传递的主要媒介，因此应避免过度依
赖视听媒介。不要躲在视听设备后面，也不要对着它们演
讲。播放幻灯片或视频时消失在黑暗中，或对着活动挂图讲
话，将难以与观众建立起友好关系，从而使演讲的影响力大
打折扣。

如果打算使用复杂的视听设备，则需提前演练，彻底
学会操作方法。没有比你在台上笨拙地摆弄设备更干扰观众
注意力、破坏演讲有效性的事情了。正式演讲时，难免有意
外发生，如设备故障、视频无法播放等，因此需提前为这些
情况做好准备。

使用电子媒体时，记得检查地板上的电线，确保自己
不会被绊倒！专业的视听技术团队通常会用胶带把电线贴
好，预防安全事故发生。尽管如此，自己还是得检查一遍。

现在，让我们来看看如何充分发挥几种常用演讲工具
的作用。

幻灯片

幻灯片能够产生巨大影响力，同时也具有娱乐价值。
如果计划在演讲时使用幻灯片，请记住以下几点：①每张

幻灯片都应为演讲目的服务，在阐明各个观点的前提下，尽可能减少幻灯片页数。你几乎总能通过删除或简化幻灯片来提高演讲效果。②使用图片和关键词，而不是句子或段落。有时候，一张图便胜过千言万语，选择展示这样的图片，而非布满文字的幻灯片。③使用翻页笔来播放幻灯片。由此，你便可以自由走动，与观众互动。④提前使用投影仪试放映，确保幻灯片画面垂直、成像清晰、顺序正确。

视频影像

视频影像是演讲中最能吸引观众、趣味性最强的视听工具。然而，它的作用如此强大，以至常常模糊演讲者的角色。视频影像很容易被用来代替演讲本身，而非作为辅助工具。因此使用视频影像时，牢记你的主要角色是推动者和讨论领导者。

活动挂图

活动挂图随处可得，方便携带，易于使用。为了充分发挥活动挂图的作用，须用不同颜色的画笔，以放大加粗的印刷字体进行书写。书写的内容应为关键词和短语，而非句子。活动挂图十分利于绘画，你可以在挂纸上绘制图表和其他图形，以阐明关键信息。挂纸上的内容应布局合理，字迹清晰，便于阅读。虽然有时你想边讲边写，但如果情况合适，记得提前准备好挂纸上的内容。隔三页以上书写，以防纸张透明，观众提前看到下一页的内容。

活动挂图仅适用于小规模演讲。演讲开始前，坐到会场最后一排，确认是否能够看清上面的字迹。活动挂图的纸张常常难以翻转，不便于回看之前所写的内容。你可以通过以下两个方法解决这一问题：①使用多个活动挂图。②把写过的纸张从画板上取下来，挂到墙上。

讲义

若想为观众提供更详细的信息，派发讲义是种有效的方式。最好提前告诉观众演讲结束时会提供讲义。当然，避免在一开始就发放讲义，否则观众会把注意力更多地放在讲义而非你的演讲上。但也有例外情况。如果你打算在演讲过程中特别提及某份讲义，那么便需提前发给观众，告诉他们阅读哪些内容，并留给其一定的阅读时间。读完后，请观众把讲义放到一边。

麦克风

仅在必要时使用麦克风。经麦克风放大后的声音常常失真，难以调节，且与自己正常说话的声音有所区别。因此，使用麦克风时，一定要确保自己能够适应从麦克风里传出来的声音，这点十分重要。演讲开始前，别忘记测试麦克风。如果你是演讲新手，可以额外花点时间练习。使用常规话筒时，将其对准嘴巴，距离保持在15～20厘米远。当然，尽量使用无线领夹式麦克风。领夹式麦克风允许演讲者在说话时自由走动而不影响拾音效果，保证了声音传输的稳定性。

时间安排

在瑞士和德国，观众往往希望演讲按时开始，准点结束；而在拉丁美洲和意大利，观众通常比较随意。无论你去哪个地方演讲，做好准时开始或推迟的两手准备。规定自己按时或提前几分钟结束演讲，因为观众意犹未尽总比他们盼望早点结束要好。

如果演讲时间较长，安排一定的中场休息时间。很多人抱怨称，观众一旦走出会场，就很难回来了，所以他们不愿留出时间让观众休息片刻。事实上，造成观众有去无回的原因往往在于演讲枯燥无味，而且观众不知道下次休息要等到什么时候，于是他们便趁机"逃走"了。

此外，针对心理学家提出的"怀旧效应❶（reminiscence effect）"，多年的研究结果表明，适当的中场休息有利于消化知识，加深记忆。在长达一天的演讲中，与没有得到休息的观众相比，每隔1小时休息10分钟的观众能够记住更多内容，

---

❶ 怀旧效应，指40岁及以上的人群回忆10至30岁发生的事要比回忆近期发生的事更频繁。——译者注

对演讲的评价也更高。中场休息不仅影响记忆，还能调节精力。因此，每隔1小时休息10分钟的观众在演讲结束时呈现的状态要更好。建议将休息时间安排在观众需要休息之前，最好是在其精力充沛、注意力较为集中的时刻。因为这将产生积极的近因效应，让观众意犹未尽，还想听到更多内容。此外，中场休息会带来新的首因效应。待观众返回现场，你可以重复或强调演讲的某个要点，发挥首因效应的作用。

嘉宾介绍

演讲开始前，通常会有主持人介绍演讲嘉宾的身份，这时首因效应便已产生。若情况允许，尽可能安排经验最丰富、说话最权威的人担任主持，并以思维导图的形式告诉主持人你想让其如何介绍自己。提醒主持人将介绍时间控制在2分钟以内，鼓励其营造一个充满兴趣和期待的氛围。同时避免以下三种情况的发生：

主持人语气单调，一字不差地照本宣读。

主持人误以为自己才是主讲人，喋喋不休，占用了你的时间。

主持人念错了你的名字，介绍词也不准确。

如果可能，约主持人开展一次对话，谈谈他邀你前来演讲的原因，以便让介绍词说起来更像个故事。如有必要，可从以下三个方面帮助主持人设定目标：他想让观众对演讲者有哪些了解？想让观众产生什么感受？希望让观众采取何种行动？

正式介绍开始前，确保所有与基本需求相关（如卫生间、茶点等）的问题都已得到解决。这些基本需求往往支配着人们的注意力。观众要是口渴了，或者想上厕所却不知道卫生间具体方位，那么便无法将注意力集中在演讲内容上。

舞台布置得当可以排除大部分干扰。尽管如此，演讲者还是会时不时地遭遇各种突发问题，如空调系统失灵或噪声过大、投影仪故障、室外电钻声轰鸣甚至炸弹恐慌等。无论发生什么，用幽默承认问题，以常识化解问题。虽然听起来很奇怪，但如果某个干扰持续存在，而演讲者却未能积极引导观众，那么事后观众往往会产生抱怨情绪。

除了记忆原则（PROPAR）及舞台布置，公共演讲者还需做好另一项工作——排练。运用下文介绍的排练技巧，可以帮助演讲者转化恐惧，掌握演讲的艺术。

排练

你可以围绕想让观众知道什么、感受到什么、采取什么行动这三个问题，起草精彩的演讲稿；你可以应用记忆原则（PROPAR）搭建演讲结构，加深观众记忆；你也可以通过精心布置舞台，发挥环境的积极作用，推动演讲的成功。然而，如果在正式演讲时你的大脑突然一片空白，那么以上所有的努力都将付诸东流。

这里有一些简单而有效的方法来确保你不会忘记演讲内容：

以积极的态度开场，辅以可视化工具，将紧张情绪定义为"兴奋之感"。

运用思维导图记忆法。同时可以将思维导图放在视线之内，以供演讲时快速查阅。

与朋友分享演讲内容。以自然、对话的形式自如地表达信息。当我准备好一个新的演讲，我往往会在开车或坐火车时，与妻子分享演讲内容。

对着朋友、同事、家人正式排练演讲。练习使用打算在演讲中用到的所有视听材料或工具，并熟练各项媒体设备的操作。前几次排练时，不必寻求反馈，以便熟悉演讲内容和流程。后几次排练时，就可以请观众提些建设性的建议。

挑选其中一次排练录制视频。从潜在观众的角度观看回放，并向朋友和同事寻求建设性反馈。对于特别重要的演讲，可以让朋友和同事假装爱挑刺的观众，故意唱反调，指出演讲材料或表达方面可能存在的任何问题。虽然这么做也许让人感到不安，但能为实际演讲做好充分准备——相比之下，实际演讲往往更容易。

为排练计时。熟悉每次讲完每个要点花费的时间，并记住实际演讲中花费的时间往往更久。合理分配演讲各部分所需时间，预测提问和干扰对时间安排的影响，并始终准备比实际所需更多的材料。

使用视听材料帮助记忆。你可以在活动挂图上用铅笔写上只有自己才能看见的提示词，也可以将精心制作的演示文稿作为记忆辅助工具。大型且正式的演讲场合通常会在舞台前安装一台监视器，演讲者不用转身就可以看到当前正在放映的幻灯片及下一张幻灯片。而在不那么正式的场合，你也可以用笔记本电脑或移动设备模拟监视器。如果将上述排练技巧都付诸实践，那么正式演讲时应该并不需要用到监视器，但仍可以准备着，以备不时之需。

排练不仅仅关乎记忆，你会在一遍又一遍的练习中发展和完善你的演讲。奥斯卡金像奖得主本·金斯利（Ben Kingsley）认为，观众的体验"很大程度上取决于排练过程、排练次数以及在排练室而非观众面前所做的努力"。

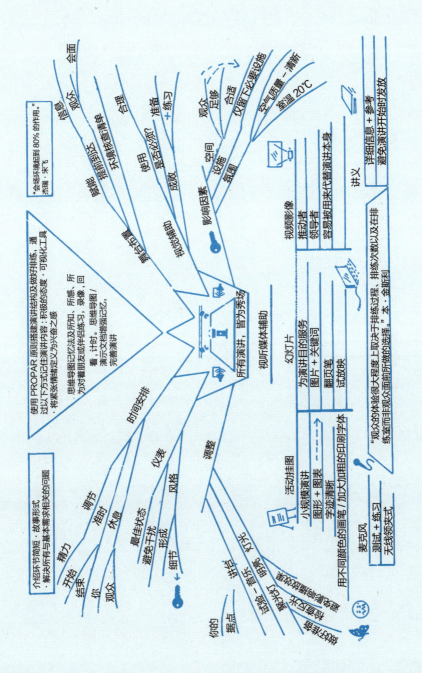

秘
诀

6

利用语言的力量

法国著名文法学者多米尼克·鲍赫斯（Dominique Bouhours）致力于语言语法研究，就连他的临终遗言都是："我马上就要——或者说我即将——死去了：这两种表达方式都是正确的。"鲍赫斯对精确用语的追求未免有些极端，但如果不具备语言知识和语感就想成为一名公共演讲者，那就好比对食材品质漠不关心却想成为一名厨艺大师的人。

厨艺大师坚持选用最新鲜的食材、最锋利的菜刀。类似地，若想成为大师级别的演讲者，必须摒弃陈词滥调和习惯性的语气词，让观众听到富有新意、精练犀利的话语。

厨房里，肉类及农产品的质量会影响菜肴的消化率和可口度。会议室或礼堂内，演讲者的措辞会影响观众的接受程度，令其或困惑不解，难以消化；或茅塞顿开，汲取到知识的养分。

职业演讲家会因找到了恰当的字句或比喻来表达自己想法而感到高兴。我们也理解遣词造句的能力实际上反映了思维的清晰程度。

通过关注措辞、有效使用语言来持续提升演讲技能，是发表高效演讲最简单有力的秘诀。

以下三种方法将帮助你提高语言能力：①删除冗词赘句。②扩大词汇量。③聆听伟大演说家的讲话，阅读伟大作家的作品。

让我们来具体分析这三种方法。

删除冗词赘句

在别人眼里，你是名思想领袖还是个笨蛋？答案往往不在于你说了什么，而是你选择不说什么。在你大量使用陈词滥调、习惯性语气词（如这个、你知道、呃）或观众听不懂的术语时，其实也反映出你的智力、性格与共情能力有待改善。虽然有时一句精心挑选的脏话能够增添一定的演讲效果，但重复使用并不能增强说服力，也不会让你显得更真实，更也不会改善别人对你的看法。

避免陈词滥调

说话缺乏新意，大量套用毫无意义或索然无味的言语，既消耗观众的精力，也消耗演讲者的精力。若演讲者尽说些陈词滥调，而非用自己的话阐明观点，那么其思维将变得迟钝，威信也会受损。坚持使用生动明确的语言有利于培养演讲者的创造力，增强演讲的真实感，避免盲目和平庸。

正如法国语言大师钱拉·德·奈瓦尔（Gérard de Nerval）所言："第一个把女人比作玫瑰的是诗人，第二个把女人比作玫瑰的则是蠢人。"英国小说家马丁·艾米斯（Martin Amis）认为，若想提高写作水平，必须"向陈词滥调宣战"。他强调："所有的写作都是与陈词滥调的斗争，不光是文笔上的陈词滥调，也包括思想上的陈词滥调。我常引用陈词滥调进行批评，但当我表达称赞时，我会使用言简意贱、不落俗套的语言。"

演讲也是如此。陈词滥调取代了思考，过度依赖这样的语言会让思维变得愚笨。

以下是近些年来经常听到的陈词滥调。

"Here's a download of awesome life hacks."（以下是一些非常实用的生活技巧。）

"Let me run it up the flagpole to see if everyone buys in to the notion that this is low-hanging fruit."（这是个容易实现的目标，让我们测试一下，看看是否每个人都同意这个观点。）

"I have limited bandwidth and I'm basically out of pocket this week, so let's circle back; ping me and we will sync up so we can take it to the next level."（个人能力有限，本周我没空，所以让我们回到上个话题；发信息联系我协调下阶段事宜。）

"To be perfectly transparent, at the end of the day, it is what it is."（我直说了吧，最后事实就是如此。）

这几句话，以及许多类似的表达，已经变得无处不在。

消除陈词滥调需要自我意识和警觉。当你发现自己打算使用陈词滥调时，不妨停下来，想想你真正打算说什么。

例如：

与其说："Here's a download of awesome life hacks."（以下是一些非常实用的生活技巧。）

不如说："I'd like to share some exciting ideas to improve your

quality of life."（我想与你们分享一些改善生活品质的妙招。）

与其说："Let me run it up the flagpole to see if everyone buys in to the notion that this is low-hanging fruit."（这是个容易实现的目标，让我们测试一下，看看是否每个人都同意这个观点。）

不如说："I'd like to consult my colleagues to see if they agree that we can accomplish this with minimal expense and effort."（我想要咨询一下我的同事，看看他们是否认可我们可以花最少的钱与精力实现这一目标。）

与其说："I have limited bandwidth and I'm basically out of pocket this week, so let's circle back; ping me and we will sync up so we can take it to the next level."（个人能力有限，本周我没空，所以让我们回到上个话题；发信息联系我协调下阶段事宜。）

不如说："I'm sorry, but I'm too busy this week. Can we please arrange something for next week? I'm excited about working together."（抱歉，我本周太忙了。下周商讨此事如何？我很高兴与你们共事。）

与其说："To be perfectly transparent, at the end of the day, it is what it is."（我直说了吧，最后事实就是如此。）

不如不说！

威廉·赛菲尔（William Safire）是美国著名专栏作家、语言学家。曾有人向其提问："随意草率地沟通是因为无知和冷漠吗？"赛菲尔打趣道："我不知道，我也并不关心。"

如果你真的关心并想得到某个答案，提问之前请将这些问题谨记在心：

我到底想表达什么？（用"什么"提问暗示了还有一个"为什么"问题，即你为什么要表达这个？又或者像语言学家塔米·盖尔斯反问的那样："那又如何？我为什么要关心你想表达什么？"）

有没有更简单、更清晰的表达方式？认真并坚持思考这些问题将引导你理清思路，发现自己的创意源泉。当你从非原创性的习惯用语中解脱中来，便会发觉自己真正的智慧。

过度使用陈词滥调并非罪过，但并不值得推崇。正如一个不知道"Armageddon[1]"这一单词怎样发音的人评论道："It's not the end of the world."（这并不是世界末日。）

在进阶为演讲大师的道路上，演讲者需培养对于陈词滥调的敏感性，并意识到选词用句会对观众产生重要影响。有些表达总是招致负面的回应，因而变得臭名昭著，以下是十种令人厌烦的表达方式。

避免十种令人厌烦的表达方式

参考牛津大学评选出的十大令人厌烦的语句，加上幽默作家布兰登·斯佩克托（Brandon Specktor）为《读者文摘》

---

[1] Armageddon，基督教《圣经》描述世界末日之时以"兽国"发起的列国混战的最终战场，现引申为世界末日。——译者注

（*Reader's Digest*）编制的一份类似排名，我列出了如下十种英语中令人厌烦的表达方式。

第一种，Whatever.（或许吧。）我承认当我觉得自己没有精力解决观众提出的某个问题，或者认为这并不需要一个更加深思熟虑的回答时，我会使用该表达。但既然我立志善待所有具有感知力的生灵，立志提高我的语言技巧，我一直在努力克制说这个词。

第二种，Badass/Superpower.（牛人，厉害的人/超能力。）也许你读到一本书，说你是位大牛，但很可能你并不是；说你拥有超能力，大概率你也没有。何况很多牛人不读励志自助书籍，但许多令人敬佩、勇敢自信的人士会读。我是看着漫威（Marvel）系列长大的，至今仍爱思考并与朋友讨论拥有哪种超能力最有趣——隐身、刀枪不入、幻视？（其实我想拥有治愈能力。）然而，以"超能力"之名来推销个人发展课程或者励志自助书籍注定是另一个承诺过高、收效甚微的例子。聆听能力、共情力、直觉力、创造力、当然还包括演讲技能，都可以通过后天培养，并非所谓的超能力。它们能够推动职业发展，且发展的高度往往取决于能力提高的程度。

第三种，Woke.（觉醒。）或是为了强调，将这个缺乏创意的词与咒骂相结合：Woke as Fuck（该死的觉醒）。根据美国在线俚语词典的定义，"woke"指人们有意显摆自己对于社会正义或某个社会议题具有清醒认知，它是"wake

（醒来）"的过去式，代表你在他人懵懂无知时，便已跨越那个阶段清醒了。这种时态的误用往往是人们在讨论种族、阶级、性别等议题时，为了显得时髦而做出的迎合（即指很多人使用woke一词只是为了显摆，假装自己对社会议题的关切，但缺乏真正的思考和认知）。

第四种，Everything happens for a reason/ If it's meant to be, it's meant to be.（事出皆有因/凡事天注定/天意如此。）某些国家或地区的人们常在有关未来行动或计划的言论中加上一句"凡事天注定"，而"事出皆有因"与"天意如此"则是表达相同含义的新说法。这些表达只有在以下两种情况下才能与观众建立联系：①在某些国家或地区演讲时可以使用，并且需要确保使用恰当。②观众能够理解隐含在这些语句中的文化预设。如果你的观众不是这些国家或地区的人，那么他们很可能无法理解这些表达的内在含义。你就应该避免在演讲中说类似的话。

第五种，Hack.（非法入侵/捷径。）"hack"指非法入侵他人计算机的行为，这个词十分老套，用它来表达"捷径"之意已经不再前卫了。

第六种，Thanks in advance/ Thank you for your time.（先行谢过/感谢您的时间。）前者是请求他人做某事时的委婉表达，通常用于商务情境。建议使用"I would be grateful if...（如果……我将十分感谢）"来表达这层意思，并加上你的请求。后者一般用于向他人在互动中给予自己的关注、关怀和指导表示感谢，但这句话非常乏味，而且略带侮辱性。如果你从别人那里得到的只有时间，那么实际上一无所获，因为无论对方是否在场，时间都在流逝。因此，如果任何有价值的事情发生了，请确认这件事并具体地表达你的感激。例如："Thank you for listening, or caring, or sharing your wisdom.（感谢您的聆听/关怀/指导。）"

第 七 种，Honestly / Frankly / Let me be frank / Let me be transparent.（老实说/坦白讲/开诚布公/我直说了吧。）演讲者使用其中任何一个短语都暗示了撒谎、混淆视听是其惯常做法，而现在他终于要开诚布公了。

第 八 种，At this moment in time / In this day and age / In the current climate.（现在/当下/此时此刻。）这些都是"now（现在）"的无趣表达。

第九种，At the end of the day.（最后。）美国的一档节目《体育中心》（*Sports Center*）在播出的一个片段中，共使用了七次"at the end of the day"。与之相似的还有其他几个苍白无力的表达，如"When push comes to shove（到了关键时刻/紧要关头）""In the final analysis（归根结底/说到底）""When all is said and done（最后/说到底）"。美国在线俚语词典对"At the end of the day"给出的第一种释义为"许多讨厌之人使用的垃圾短语"。"At the end of the day"只有在指代傍晚发生的事情时才合乎情理，除此之外避免使用这句蠢话，可以用"ultimately（最后）"来代替。

第十种，It is what it is.（事实就是如此。）每件事都是如此。人们试图通过这句话传递一种存在主义的观点，有种尼布尔[1]式的禅学意味，仿佛想说："接受不能改变之事十分重要。"美国在线俚语词典（Urban Dictionary）给出了一种更悲观的解释，认为这是说话者面对看似无法改变的局面选择顺从、听天由命的委婉表达。

最后，借用美国著名导演塞缪尔·戈尔德温（Samuel Goldwyn）的一句话作为本部分的结尾："我们现在所需的是一些新鲜有趣的陈词滥调。"

避免使用免责式表达

免责式表达往往是欺骗与混淆视听的武器，它们专门用来提高招人厌或侮辱性言论的可接受性。除非有技巧地将其用于幽默效果，否则免责式表达也十分惹人厌烦。典型例子如下：

No offense.（无意冒犯。）"我即将冒犯你或者已经冒犯了你，但我不想为此后果承担任何责任。"例如："无意冒犯，但我十分讨厌你，在我眼里你就是个蠢货。"

Bless your heart.（愿主保佑你。）美国南部各州的常用表达。（"你知道她穿了条什么样的裙子吗？愿主保佑她。"）

---

[1] 尼布尔，20世纪美国著名的神学家、思想家，是新正统派神学的代表，是基督教现实主义的奠基人。他的思想和活动深刻影响了20世纪的美国社会，是美国社会变革的推动力量。——译者注

With all due respect.（恕我冒昧。）这句话一般出自权威人士之口，如机构管理者或法官，往往试图否认侮辱他人时的不敬。

I don't mean that in a bad way.（我完全没有贬低的意思。）美国喜剧演员多姆·伊雷拉（Dom Irrera）带火了这个万能短句，伊雷拉称在其居住的街道上经常能听到这样的对话："你真是个卑鄙下流的野耗子黄鼠狼小杂种……我完全没有贬低的意思。"

Just sayin'.（我只是随口一说。）这句试图免责的话与"我完全没有贬低的意思"类似，但相比而言更缺少智慧，常用来为自己刚刚的言论做开脱。"你真是个卑鄙下流的野耗子黄鼠狼小杂种……我只是随口一说。"

I'm not prejudiced/racist/bigoted/sexist/homophobic, but...（我并不带有偏见/我并没有种族歧视/我并不偏执/我并没有性别歧视/我并不恐同，但是……）这是带有偏见之人、种族主义者、偏执狂、性别歧视者、恐同者最爱说的话之一。

Be that as it may.（或许吧/随便吧/无所谓。）"Whatever"的旧时说法。

I don't mean to interrupt, but...（我无意打断，但是……）说这句话的人肯定有意要打断，为了不推卸责任，你可以这样说："Please allow me to interrupt.（请允许我打断一下。）"

Not that there's anything wrong with that.（这并没有什么不好的。）美国情景喜剧《宋飞正传》（*Seinfeld*）的一句经

典台词，主人公杰瑞（Jerry）否认自己和乔治（George）是同性恋，后又补充说明自己并不认为同性恋有什么不好。

仅在特定语境下使用行业术语

你和我的许多客户一样，也在高度缩略语文化（High Acronym Culture，HAC）中工作吗？行业术语有首字母缩写、俚语、暗号等多种形式，通过共用的语言帮助团队建立起联盟之感，是一种高效的交流方式，但它只有在每位参与者都能理解的情况下才能发挥作用。计算机、金融和汽车等领域的销售人员在推销时经常使用消费者听不懂的行业术语，频率之高令人惊讶。这大概是因为许多公司的技术工程人员喜欢使用营销部门听不懂的行话，营销人员为了"施行报复"，于是编造出了没有一个人能听懂的行话。因此，记得根据观众调整用语措辞，评估他们对你使用的术语的理解和欣赏程度，用本书中已经出现过的一句行话来说，就是避免这种特殊形式的"分子爱抚"（见本书秘诀2）。

语言学家塔米·盖尔斯解释称："如果能在深思熟虑后将某个行业术语引入特定的团体，并进行详细解释，那将成为吸引观众、建立情感纽带的强大工具。他们会觉得'嘿，我学习到了一句新的行话，这句话为我打开了一个全新的世界'。"

消除习惯性的语气词

"呃""啊""你知道""这个"等都属于习惯性的填充词，

人们经常无意识地用这些词来开启句子、填补停顿或表达建立联系的需求。过度使用这些填充词将减弱你的可信度和影响力。在一场演讲技巧研讨会中，一位普通演讲者在5分钟内使用了16个填充词，而职业演讲家们未使用任何填充词。

演讲者没有做好准备或跑题时，往往会使用填充词。但出人意料的是，很多人即使准备充分，内容贴合主题，情况也未得到改善。解决问题的关键在于在日常对话中避免使用填充词或语气词。此外，与人交流时，如果发现对方频繁使用"这个""你知道"等词，也需引起高度警觉。

明智审慎地使用脏话

虽有以美国著名喜剧演员、言论自由支持者兰尼·布鲁斯（Lenny Bruce）为代表的一部分人捍卫人们说脏话的权利，但在演讲中进行咒骂是否明智有效呢？

有人认为，脏话体现了真实性。从大量的畅销书名来看，这不无道理，虽然这些书名在布鲁斯的时代很可能使作者入狱。

美国语言学家迈克尔·亚当斯（Michael Adams）在其著作《脏话的艺术》（*In Praise of Profanity*）一书中指出，脏话违背了人们所认为的"正确"的语言惯例，在合适的情况下可以创造出一种凝聚感。但问题在于，这种违背语言惯例的形式变得如此常见，已不再是表达自我原创度高的方式了。

美国喜剧演员、讽刺作家乔治·卡林（George Carlin）

曾在兰尼·布鲁斯的一次演出的观众席中遭到逮捕，他十分擅长使用脏话（他亲切地称之为"污秽词语"）博得人们的笑声，引起人们思考。很多人试图效仿卡林，但其话语听起来往往粗俗乏味，并不那么有趣。

虽然在某些场合下，脏话可以帮助你与观众建立联系，逗人发笑，但也存在冒犯或者疏远他人的风险。没有哪位职业演讲家因未使用脏话而出现过问题，因此最好克制住自己说脏话的冲动。英国作家奥斯卡·王尔德曾说："没有一种行为模式与情感形式是人类独有的，只有通过语言我们才能凌驾于动物之上，或者超越彼此——语言是思想的父母，而不是思想的孩子。"

扩大词汇量

现在你已经学会了如何删除冗词赘句，接着让我们来看看提高语言能力的第二大技巧：扩大词汇量。

人类历史上最伟大的天才之一达·芬奇一生致力于扩大词汇储备，这位大师在其著名的笔记里记录了9000多个新单词的定义。

德国思想家、《浮士德》（*Faust*）的作者约翰·沃尔夫冈·冯·歌德（Johann Wolfgang von Goethe）拥有9.3万个活跃单词，是有史以来词汇量最大的人。他曾说道："我语言的极限就是我世界的极限。"如果你想扩大自己的世界，并

且帮助别人扩大他们的世界（这是公共演讲的根本目的），
那便需要增加词汇量储备，并提高准确运用词汇的能力。
正如史蒂芬·平克在其著作《语言本能》（*The Language
Instinct*）中解释的那样："我们可以在彼此大脑中精确地塑
造场景和事件。"但当然，为了做到这一点，我们首先得在
自己的大脑里塑造场景和事件。如何塑造？方法就是扩大词
汇量并理解各个单词含义的细微差别。

美国记者亨利·赫兹利特（Henry Hazlitt）于1916年出
版了经典著作《思考学》（*Thinking as a Science*），他在书中
写道："词汇量匮乏者必定不擅长思考。一个人的词汇量越
丰富，对单词间细微差别的感知越强，他的想法就越多，思
维准确性也越高。对于这些人来说，单词与知识的习得是同
步的。如果你不认识这个单词，你也几乎不可能知道它所指
代的事物。"

有意识地避免使用无意义短语、陈词滥调和填充词，会
更利于在恰当时机运用正确的词汇来填补空白，这将提高语
言的清晰性，扩大影响力，最终提升演讲者的创新思维能力。

聆听伟大演说家的讲话，阅读伟大作家的作品

初学杂耍时，我每天都要进行高强度的训练，也取得
了一些成绩。后来，我加入了国际杂耍协会，开始与很多厉

害的杂耍人一起训练。潜移默化之中，我的进步神速。此外，我还发现当我与高手过招时，我的球技和棋艺会得到大幅提升。同样的道理，如果一个人置身于伟大的演说家和作家之中，不论是真实还是虚拟的形式，都有利于其快速提高语言能力。

　　在我职业生涯初期，我有幸与东尼·博赞合作。我认真学习了博赞的演讲风格和主要观点，由此踏上了职业演讲家之路。我开始受邀在许多组织的国际活动中发表演讲，其中包括世界青年总裁组织——世界上优秀青年首席执行官及商界领袖组织，汇聚了许多出色的演讲者。同时，我也一直在寻找佼佼者身上与众不同的特质。

　　今天，我们有TED演讲、The Moth❶故事会还有其他许多视频论坛，这些论坛上有许多卓越的标杆和典范。这就引出了提高语言能力的第三大技巧：若想成为一名有影响力的公共演讲家，最简单的秘诀之一便是花尽可能多的时间去听、去看，向出色的演讲家们学习。

　　在这份榜单中，我最爱的演讲包括马丁·路德·金的《我有一个梦想》、芭芭拉·乔丹于1976年在美国民主党全国代表大会上发表的主旨演讲，以及罗纳德·里根（Ronald Reagan）的勃兰登堡门前演说。如果可以穿越到过去，我一定要争取坐在女王伊丽莎白一世（Queen Elizabeth Ⅰ）蒂尔

_____

❶ The Moth，美国非营利组织之一，在美国各地组织故事会。——译者注

伯里演讲、乔治·华盛顿告别演讲及林肯葛底斯堡演说的第一排。回到现代，温斯顿·丘吉尔是我一直以来最喜欢的公共演讲家。最近，我又爱上了英国哲学家艾伦·沃茨（Alan Watts）、美国前总统巴拉克·奥巴马（Barack Obama，2004年美国民主党全国代表大会上的演讲）和澳大利亚前总理朱莉娅·吉拉德（Julia Gillard，2012年厌女演说，她是位名副其实的牛人！）。此外，女王伊丽莎白二世（Queen Elizabeth Ⅱ）在2020年新冠肺炎疫情期间向民众发表的视频演讲也是个不错的范本。评论员格雷戈·霍尔（Greg Hall）对此表示高度赞赏："女王的电视讲话全文只有523个单词，比林肯的葛底斯堡演说多了248个单词，但却做到了多年来没有一个英国人做成之事：团结国家。女王是威信的象征，古罗马政治家西塞罗（Cicero）认为，这是卓越的演说家具备的三种品质之一，另外两个为逻辑与情感。"正如丘吉尔在其最辉煌的时刻那样，女王使用了清晰、简单的语言，并利用了近因效应，这些要素的结合使她的演讲充满了力量："我们将再次与朋友团聚；我们将再次与家人相聚；我们终会再见。"

　　所有伟大的演说家，或者成功者，都受到过他人的启发或鼓舞。英国物理学家艾萨克·牛顿（Issac Newton）写道："我只是站在巨人的肩膀上。"牛顿的照片被美国犹太裔物理学家爱因斯坦（Einstein）放在了床头，而爱因斯坦又继续影响了一代又一代的物理学家和人文学家。意大利教育先驱玛利亚·蒙台梭利（Maria Montessori）的灵感来自瑞士教育家约翰·裴斯泰洛齐（Johann Pestalozzi），裴斯泰洛齐帮助建立了一所学校，即解放爱因斯坦创造力的阿劳州立中学。大卫·汤普森（David Tompson）是迈克尔·乔丹（Michael Jordan）的偶像，乔丹又鼓舞了勒布朗·詹姆斯（LeBron James）。而现在，詹姆斯激励着全世界的球员。

打造你的演讲梦之队来激励自己，并为这个团队补充一批优秀的作家，他们的语言运用能够帮助你提升散文水平，让你的演讲更具文采。《哈利·波特》（*Harry Potter*）系列创作者J. K. 罗琳（J.K. Rowling）认为："最重要的就是尽可能地广泛阅读，就像我一样。读的书越多，你就越能理解什么才是好的写作，词汇量也会相应地增加。"《指环王》（*The Lord of the Rings*）的作者J. R. R. 托尔金（J.R.R. Tolkien）补充道："书籍会根据某个年龄段拥有的词汇量进行编写，但好的词汇量不是通过阅读对应年龄段的书籍获得的，而是通过阅读自己年龄段之上的书籍获得的。"

帮助我达到更高水平的作家包括查尔斯·狄更斯（Charles Dickens）、艾米莉·狄金森（Emily Dickinson）、艾米·亨佩尔（Amy Hempel）、赫尔曼·黑塞（Herman Hesse）、维斯瓦娃·辛波丝卡（Wisława Szymborska）、奥斯卡·王尔德和P.G.沃德豪斯（P. G. Wodehouse）。此外，威廉·莎士比亚是我一直以来都非常崇敬的语言大师。

如果你想成为公共演讲者中的中流砥柱［出自莎士比

亚《理查三世》（*Richard Ⅲ*）］，那么你得意识到阅读莎士比亚的作品是实现这一目标的决定性因素［the be-all and the end-al1，出自莎士比亚《麦克白》（*Macbeth*）］。莎士比亚诸多（multitudinous，莎士比亚自创词）作品中都蕴含了关于公共演讲的智慧，数量之多令人眼花缭乱（bedazzling，莎士比亚自创词），试体味以下几条：

"**My words fly up, my thoughts remain below. Words without thoughts never to heaven go.**"（我的言语高高飞起，我的思想滞留地面，没有思想的言语永远不会上升天界。）如果想让你的语言上升天界，请听从《哈姆雷特》中克劳狄斯（Claudius）的建议。演讲之前将清思路，避免使用伪单词❶、陈词滥调、行话、脏话和废话，你的讲话将更有效。

"**Brevity is the soul of wit.**"（言以简为贵。）《哈姆雷特》中，虽然雷欧提斯（Laertes）没有遵循父亲波洛涅斯（Polonius）给予的忠告，但这句台词表达了莎士比亚本人对于KISS原则的肯定：演讲者，说话简单点。爱因斯坦认为，事情应该尽可能简单，而不是更简单。因此，尽量精简你的语言表达。

"**All the world's a stage.**"（世界是一座舞台。）《皆

---

❶　伪单词指没有实际含义，不知道是否存在的单词。——译者注

大欢喜》（*As You Like It*）中，杰克斯（Jacques）提醒
我们，世界是个舞台，人生如同戏剧，而演讲不论精
彩与否，亦是一场场舞台表演。

世界是一座舞台，
所有的男男女女不过是演员：
有上场的时候，也有下场的时候；
每个人在一生中都扮演着好几种角色。

下一秘诀中，我们将讨论肢体语言在演讲中发挥的作
用，不出意外，又是莎士比亚为我们提供了最好的建议——
哈姆雷特在指导几个演员表演时提出："动作需配合台词，
台词需配合动作。"

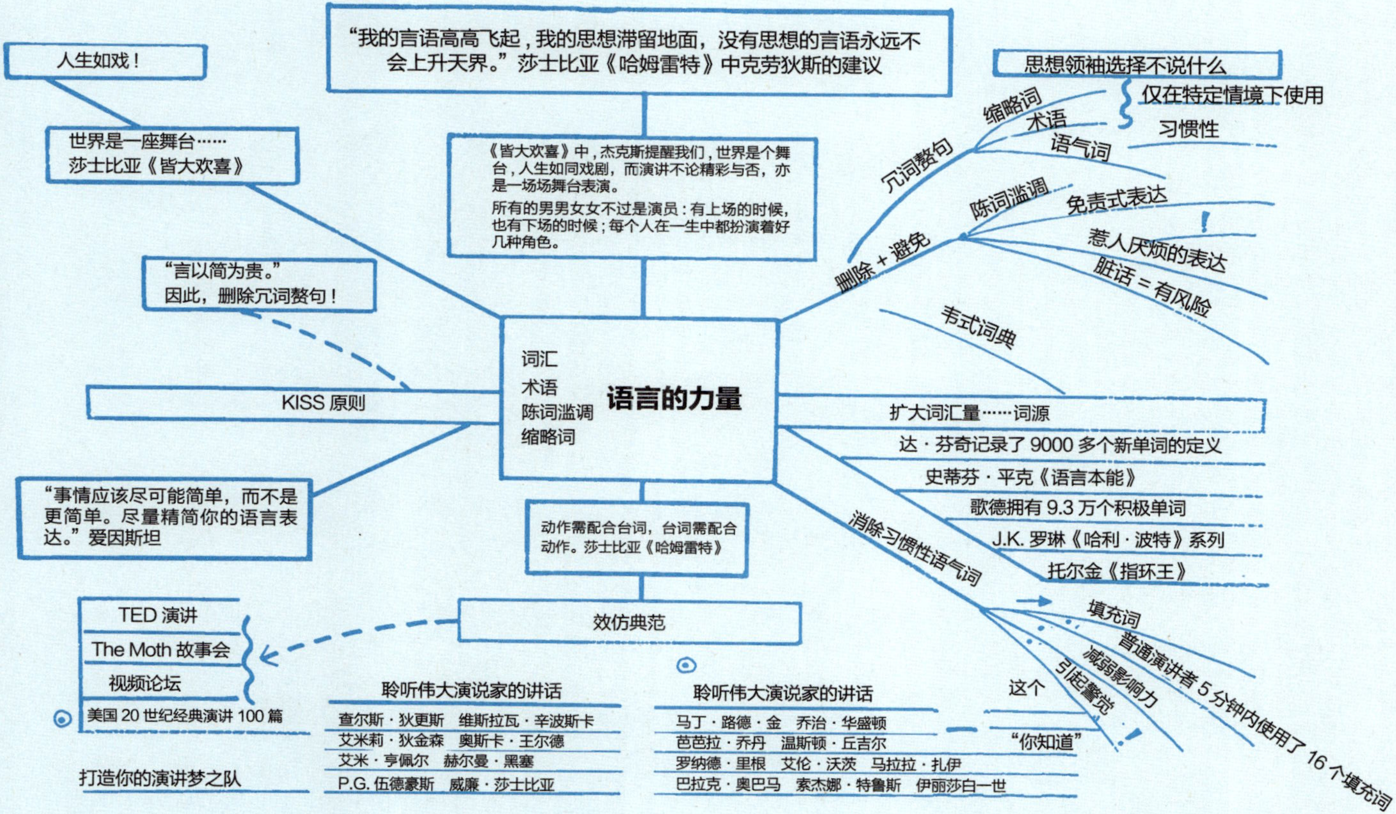

语言的力量
词汇
术语
陈词滥调
缩略词
“我的言语高高飞起，我的思想滞留地面，没有思想的言语永远不会上升天界。”莎士比亚《哈姆雷特》中克劳狄斯的建议
《皆大欢喜》中，杰克斯提醒我们，世界是个舞台，人生如同戏剧，而演讲不论精彩与否，亦是一场场舞台表演。
所有的男男女女不过是演员：有上场的时候，也有下场的时候；每个人在一生中都扮演着好几种角色。
人生如戏！
世界是一座舞台……
莎士比亚《皆大欢喜》
“言以简为贵。”
因此，删除冗词赘句！
KISS 原则
“事情应该尽可能简单，而不是更简单。尽量精简你的语言表达。”爱因斯坦
动作需配合台词，台词需配合动作。莎士比亚《哈姆雷特》
效仿典范
TED 演讲
The Moth 故事会
视频论坛
美国 20 世纪经典演讲 100 篇
打造你的演讲梦之队
聆听伟大演说家的讲话
查尔斯·狄更斯　维斯拉瓦·辛波斯卡
艾米莉·狄金森　奥斯卡·王尔德
艾米·亨佩尔　赫尔曼·黑塞
P.G. 伍德豪斯　威廉·莎士比亚
聆听伟大演说家的讲话
马丁·路德·金　乔治·华盛顿
芭芭拉·乔丹　温斯顿·丘吉尔
罗纳德·里根　艾伦·沃茨　马拉拉·扎伊
巴拉克·奥巴马　索杰娜·特鲁斯　伊丽莎白一世
删除 + 避免
冗词赘句
缩略词
术语
语气词
思想领袖选择不说什么
仅在特定情境下使用
习惯性
陈词滥调
免责式表达
惹人厌烦的表达
脏话 = 有风险
!
韦式词典
扩大词汇量……词源
达·芬奇记录了 9000 多个新单词的定义
史蒂芬·平克《语言本能》
歌德拥有 9.3 万个积极单词
J.K. 罗琳《哈利·波特》系列
托尔金《指环王》
消除习惯性语气词
填充词
普通演讲者 5 分钟内使用了 16 个填充词
减弱影响力
引起警觉
!
这个
“你知道”

训练你的肢体语言

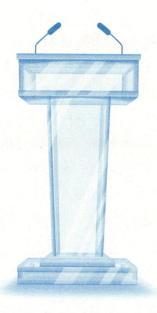

　　如你所知，口头语言很重要，但肢体语言同样重要，其中的关键在于口头语言与肢体语言的协调性与一致性，这就是莎士比亚所谓"动作需配合台词，台词需配合动作"的含义。若语言与动作不一致，你会感到焦虑和不自在，并让观众感到困惑，这会削弱你的可信度，导致更多的焦虑和不自在。

　　中国有句老话："小心皮笑肉不笑的人。"如果一个人皮笑肉不笑，那就说明其笑容勉强而虚伪。站姿、坐姿、行姿等肢体语言既可能极大地提高演讲有效性，又可能破坏原本内容翔实、条理清晰的演讲。肢体语言与口头语言若协调一致，观众就会认为你真诚可信；反之，如果举止、姿势、面部表情或声调与你所说的话并不相符，那么他们将产生怀疑，不再那么愿意接受你的观点。

　　一旦为演讲设定好明确的目标、制订好加深观众记忆的策略，你的肢体语言会变得更加协调。人们在缺乏明确目标、尚未组织好演讲内容的情况下，往往会更频繁地冒出"呃""啊"等填充词。同时，他们也更可能摆出防御的姿态，做一些不必要的动作或尴尬的行为。做好充分准备，并专注于传递自己坚信的观点，这是提高肢体语言的最佳途径。若想发表伟大的演讲，光靠准备充分、目标明确、内容清晰还不足够。

　　为什么？因为大多数人紧张时都会做出习惯性的动作

或下意识的行为模式，这些动作和行为模式会在人群前放大，从而损害演讲的有效性。职业演讲家通过培养清晰有力的肢体语言，努力将自己从这些束缚性的习惯中解脱出来，获得了自由。我的整个职业生涯都在研究和教授获得这种自由的方法。我将分享我所发现的几个最有效的方法，帮助你在演讲与生活中找到自由，变得灵活自如。

气场：
1分钟的姿势还是一种存在方式？

在一项名为"能量姿势：简单非语言行为可影响神经内分泌水平和风险承受能力"的研究中，美国社会心理学家埃米·卡迪（Amy Cuddy）和同事对以下问题进行了深入研究："人类与其他动物通过扩展性的姿势来表现高能量，通过收敛性的姿势来表现低能量。但是，这些姿势真的能够造势吗？"

答案是肯定的。卡迪关于该研究的TED演讲获得了广泛关注。

研究结论指出："只需变换肢体姿势，个体的生理系统就会做出相应的准备，以应对困难的处境，忍受重重压力，或许还能在面试、公共演讲、与老板产生分歧等情境中提高信心和表现。"该研究还表明，采取高能量的姿势"有利于人们的身心健康"。

卡迪和同事认为，简单的能量姿势，如模仿超人或神奇女侠双手叉腰的神气动作，不仅可以让人感到更自信，也会影响他人对自己的看法。

在现代科学领域，该发现被视为一种启示；而在艺术表演等领域，戏剧演员和武术家们一直在以更为详细而实际的方式进行相关研究。

你可以在演讲前做出扩展性的动作，让生理系统做好准备，但前提是你在日常生活中也会经常性地摆出这些高能量姿势。如果没有平时的练习，临时摆个姿势，这并不会对生理系统产生持续影响，你也许看起来更像个智力障碍者。

言行一致

日本人习惯鞠躬问候；印度人见面时行合十礼，双掌合于胸前呈祈祷状，微微弯腰。拥抱和握手则是大多数国家的问候礼仪。这些姿势的共同之处在于它们都传递了宽慰人心的信息："我是朋友，不是敌人。"肢体语言能够消除疑虑、显示权威、展现自信、表达信任，但也会传递负面信息。

贼眉鼠眼的人常常会受到怀疑，昂首挺胸的人往往被认为是诚实而坚强的。在一项名为"吸引攻击：受害者的非语言暗示"的研究中，美国两位心理学家贝蒂·格雷森（Betty Grayson）和莫里斯·斯坦（Morris Stein）向一群被判有罪的抢劫犯播放人们在纽约街头行走的录像，并要求其对每位行人的"可抢劫性"进行打分。正如你所预料到的那样，行动明显虚弱无力的个体"可抢劫性"得分最高；其次是步伐僵硬、弯腰驼背、心不在焉或看上去喜欢寻衅滋事者；那些腰背直挺、步态轻松、看起来胸有成竹的人，是抢劫犯最不倾向于攻击的。

当你进入会场或走上舞台时，观众会立刻下意识地对你的"可抢劫性"做出评估。如何才能降低自己的"可抢劫性"得分，培养强大的气场？

一些演讲培训课程提倡通过摆出高能量的姿势来假装权威，这并不能从根本上解决问题。提升气场的关键在于将自己真正的权威显现出来，而实现途径便是培养自然真实且富有表现力的肢体语言。

言行一致可以提高肢体语言的真实感和表现力，站姿、行姿、手势、眼神交流、声音需和语言同步。你可以像职业演讲家一样，明确演讲目标、组织难忘的内容，然后带着真正的热情向观众传递有价值的信息。但职业演讲家还有另一个秘诀：摒弃束缚自我表达的习惯。

虽然肢体语言的各要素相互依赖地发挥作用，但为了简便起见，我们将逐个进行分析。

站姿

拳击手和武术家通常采取三角式站姿，尽可能保护自己免受对手攻击。这一站姿传递出的基本信息是："你不能打我，但我准备打你了。"棒球击球手和高尔夫球员击球前也会调整站姿，他们的肢体语言说明："我已经准备好将球打出场地或者打上果岭❶了。"

然而，作为演讲者，你肯定不想让观众产生一种即将被你暴揍一顿的错觉。相反，你希望传达的是欢迎、开放、信任之感。为此，你需面朝观众，站直、站稳，保持开放的姿态。

良好的站姿是培养仪态、提升气场最简单高效的方法，无论身处什么样的场合，面对何种类型的观众群体，都有助于建立联系。此外，良好的站姿也为优雅自信的行走姿势奠定了基础。

若想成为一名演员，最大的挑战并非记忆复杂的独白或学习陌生的口音，而是训练正确的站立与行走姿势。保持直立、平衡、自然的站姿是培养舞台风采最重要的一环，接下来将与你分享一个神奇的站姿训练方法。

神奇的站姿训练法：别光干活，站在那儿！

受中国古代哲学智慧的启发，下面的练习是我所发现的提高气场、增加能量的最有效途径。每天训练几分钟，逐

---

❶ 果岭，高尔夫运动中的一个术语，指球洞所在地，"果岭"二字由英文"green"音译而来。——译者注

渐增加到每天20分钟，你就会发现自己在所有的交流互动中都变得更具活力、更为放松、更加自信，尤其是在演讲的时候。最好选择一个安静优美的环境进行训练。我喜欢在我家附近的小山顶上练习，在那儿我可以欣赏潺潺流动的河水。但我还发现，其实任何地方，包括候机室，都可以进行该项训练（如果你愿意，坐着也能练习）。

这项简单的练习由微笑（Smile）、舌位（Tongue）、对齐（Align）、自然（Natural）、分布（Distribute）、呼气（Exhale）、意识（Aware）、柔软（Soften）、散发（Expand）九个元素组成，为了方便记忆，可以记住各元素首字母缩写STAND EASE。

微笑。以蒙娜丽莎般的微笑开场，让笑容在眼中闪耀，这将立即改变你的生理状态，使你变得更加镇定自若。同时，这种真诚的笑容也会令在场的其他人感到放松舒适。

舌位。轻轻地将舌尖置于上颚（就在牙齿后面）。大声读"Let go"这个短语，你会发现在Let中发L的音时，舌头会自然移动到上颚位置。这里其实是个穴位，顺着舌根向上流动的能量与顺着舌尖向下流动的能量在此处交汇，让你产生平静放松之感。

对齐。保持挺直的站姿，让身体与纵轴对齐。人们紧张时，往往会蜷缩自己的身体，这将削弱气场与活力，因此笔直站立十分重要。但与此同时，不要"锁住"膝盖。膝盖是用来传递重量而非承受重量的关节，需保证它们的灵活性与柔韧性。

自然。如果你去观察儿童，会发现保持挺直的站姿对其而言是一件十分自然轻松的事情。整天坐在椅子上的我们很容易忘记这种自然的风度是我们与生俱来的能力。

分布。双脚分开与肩同宽，感受脚掌与地板接触的感觉。将身体重量均匀地分布到双脚，包括前脚掌、脚后跟和双脚内外侧。均匀的重量分布会向神经系统传递信息，使你在保持物理平衡的同时，也能获得心理上的平衡。

呼气。呼气有助于放松，释放压力。通过压缩腹部、下肋骨和下背部来呼气。人们处在压力之下往往会有喘不过气的感觉，于是便用力吸气，导致胸腔上部和颈部肌肉群过度活跃。正确的做法是从中心呼气，然后让空气从鼻腔徐徐进入体内。放松、舒缓、顺畅的中心呼吸法将帮助你集中精神。

意识。人们在过度紧张时往往会缩小关注范围，因此需要唤醒并扩大意识，实现内外调和。此外，扩大意识范围还可以让人们感到更加舒适自在，相应地提升气场。

柔软。保持目光柔和，腹部柔软。感受肩膀与下颌的重量，你会发现它们也变得柔软了。保持挺直的身姿，但让一切都柔软起来。

散发。散发气场与活力（经过一段时间的STAND EASE站姿训练，你会发现自己毫不费力便可做到这点，而且开始享受这一过程）。演讲开始前，有意将自己的气场与活力散发给观众，营造出友好活跃的氛围。如果有人在演讲结束后跑过来对你说："哇！听完你的演讲，我浑身上下都充满了能量！"不必惊讶，这是预料之中的结果。

除了每天的固定练习，你也可以将STAND EASE站姿训练融入日常活动中。例如，排队时与其焦躁不安地等待或无所事事地玩手机，不如进行站立冥想。经过数月的练习，你将熟练掌握这一站姿，并得心应手地运用到社交场合，最终在舞台上绽放出强大的气场。

换句话说，别光干活，站在那儿！中国古代先哲老子在《道德经》中有言："孰能浊以止？静之徐清。"意思是混浊的河水静止后才能变得清澈。演讲也是如此，简单的站立冥想可以让你的内容输出变得更清晰。

行姿

通过站立冥想培养的站姿为舞台上或日常生活中优雅有力的行走姿势奠定了基础。大脑的运转跟随身体行动，不论是否有意，演讲时你的每个步伐都在向观众传递着信息。行姿若与演讲内容相配合，可以增加信息的深度，引起观众更多共鸣；反之，则将破坏信息传递的有效性。例如，当你在谈论醉酒或海上旅行的危险时，为了形象具体地说明，采取跟跟跄跄的走路姿势并没什么问题。但是，如果你只是在无意识地走来走去、晃来晃去，则很有可能分散观众的注意力，甚至让他们觉得头晕恶心。

对于没必要、无意识的行走习惯，你可以通过观看自己的演讲视频来发现并改掉，也可以寻求有较强洞察力的朋友或同事的帮助，通过他们给予的精准反馈来纠正。改掉不良行走习惯的同时，也要避免站在一个地方一动不动。如果你对自己的行走姿势不是很自信，那就投入更多的时间进行探索和训练。

成功摆脱不良的行走习惯后，你会发现自己轻而易举便可走出自然而富有表现力的步伐。比如，当你想强调一个非常重要的观点时，你会走向观众；当你希望与现场所有观众建立联系时，你会从会场或舞台的一侧走向另一侧。

手势

多年前，我和几位朋友前往意大利旅行，在那里度过了一个夏天。抵达首都罗马时，我们有三处备选的膳宿公寓，分别是罗莎（Rosa）、阿尔贝托（Alberto）和安娜（Anna）。不幸的是，前两家都住满了。于是我们向阿尔贝托公寓的房东打听，安娜公寓是否还有空房。

房东的反应是，他一边重复着安娜公寓的名字，一边将袖子从肩膀处往下拉，一直拉到指尖，然后用手臂擦拭鼻子，接着狠狠甩了几甩，好像在把假想出来的大量鼻涕甩到地板上，以此表达对安娜公寓毫无保留的厌恶之感。房东的手势非常有力，以至于过了几十年，每当有朋友提到要去罗马旅行时，我都会迅速提醒："不要住在安娜公寓！"

　　手势会对沟通有效性产生巨大影响，若想发挥手势的积极作用，记住两个关键点。首先，不要做多余的手势。玩笔、挠脸、擦鼻子、摸头发等动作是人们紧张时常做的手势，往往会带来意外后果。对着镜子或通过视频观察自己，将多余的手势从演讲中删去。如果不确定双手应该如何摆放，让它们自然下垂置于身侧就行了。其次，发现并放大自然手势语言。虽然你的动作不必像阿尔贝托公寓的房东那般夸张，但演讲时加上手势会增加影响力。因此，让你的自然手势语言展现出来。此外，和提高音量一个道理，面对规模较大的观众群体时，你必须放大手势，确保在场每个人都能看见。

　　很多人往往会因羞怯而压抑其自然的手势语言，恰当的反馈有助于解除这种自我限制。

　　瑞典一家航运公司的高管为我们提供了一个很好的例子。这位高管的演讲目的是介绍公司最大的船舰。第一次演讲时，他将双手置于太阳神经丛❶前，左右手相隔不过十几厘米。但观看视频回放后，他发现这个手势并不适用来描述巨型船舰。他微微一笑，意识到自己应该解除这一自我限制了。

---

❶　太阳神经丛是位于腹腔中的一簇神经丛，因其以肚脐为中心向四周展开，就像太阳散发光线一样，故名。——译者注

　　第二回演讲时，这位高管将左右手之间的距离拉大了一倍，但回放视频清晰地表明，这一动作幅度与展示的船只照片相比仍然过小。于是在第三次演讲中，他鼓起勇气，充分伸展开了双臂，同时用雄浑有力的嗓音说道："我们的邮轮巨大无比。"过后他惊奇地发现，这一对自己而言过分夸张的手势，从回放视频来看，却是十分自然且恰到好处。

　　效仿这位高管，你可以通过观看录像来发现你的自然手势语言。同时，研究如何调整动作幅度才能最有效地传递对应的信息。其他有用的练习如：以哑剧形式进行演讲（只做动作，不出声音）；尝试在日常对话中使用手势；玩着手势猜字谜的游戏；等等。

　　莎士比亚在《哈姆雷特》中强调了手势与口头语言协调一致的重要性，他提醒我们："动作需配合台词，台词需配合动作。"但对于大多数人而言，这意味着我们应该做出更夸张、更戏剧化的手势，以增强表现力。"别太平淡。"莎士比亚劝告道。

　　当然，过分夸张的动作也会减弱你的气场。莎士比亚警示称："不要老是把你的手在空中这么摇晃、挥舞。"他教导我们找到一种平衡状态，既优雅又有力地表现自我："即使在洪水暴风一样的感情激发之中，你也必须取得一种节制，免得流于过火。"最终，通过自我探索和反省，你会发现自己找到了这种平衡状态。用莎士比亚的话来说："接受自己判断力的指导。"

眼神交流

　　拳击手、综合格斗选手会在赛前进行激烈的眼神厮杀，以此占据心理优势。令人毛骨悚然的眼神对决出现在很多比赛中。比如：菲律宾马尼拉拳王争霸赛中，穆罕默德·阿里对决乔·弗雷泽（Joe Frazier）时；美国终极格斗冠军赛中，万德雷·席尔瓦（Wanderlei Silva）对决米尔科·克罗·科普（Mirko Cro Cop）时。有人评论道："席尔瓦的眼神像要杀人，而克罗·科普看起来已经把人杀了。"

　　再来看一些浪漫温柔的例子。亨弗莱·鲍嘉（Humphrey Bogart）与英格丽·褒曼（Ingrid Bergman）在奥斯卡获奖影片《卡萨布兰卡》（*Casablanca*）结尾处的对视，传递出大量伤感情绪，令人心碎不已，堪称电影史上经典镜头之一。1996年巴兹·鲁赫曼（Baz Luhrmann）执导电影《罗密欧与朱丽叶》（*Romeo and Juliet*）中的一幕，莱昂纳多·迪卡普里奥（Leonardo DiCaprio）和克莱尔·丹尼斯（Claire Danes）透过鱼缸的钟情对望，生动细腻地再现了莎士比亚剧本中罗密欧与朱丽叶一见钟情的场面，成为电影史上不朽的桥段之一。

　　正如莎士比亚所说，眼睛是"心灵的窗户"，传递着人类一切情感体验。当然了，作为演讲者，你不必用眼神震慑观众，也无须含情脉脉地看着他们。你的目标是通过眼神交流，在传递信息的过程中调动观众的兴趣。眼神交流可以有助于随时观察观众反应，监测内容输出的有效性。他们无聊了吗？困惑了吗？疲劳了吗？抑或是沉浸在演讲之中？答案尽在观众眼中。

与朋友交谈时，你会自然而然地看着对方眼睛，判断他是否听懂你在说些什么。你也许会在对方神情困惑时停下来问他是否存在疑问。换个角度，如果你的朋友在讲话时发现你眼神游离，那么他很可能会要求你把注意力重新放到他身上。

眼神交流在日常对话中常见而自然，在演讲中也是如此。

当你吸引了观众的目光时，便建立了信任的桥梁，唤起了观众的兴趣，开放了影响的渠道。有的演讲者抱怨称，虽然眼神交流在一对一沟通中相对容易，但在一对多沟通中却十分困难。究其原因，主要是这些演讲者把观众当成了不带个人色彩的群体。而实际上，不论观众规模有多大，接受并处理信息的总是个体，因此演讲者仍应将观众视为每个独立的个体。

如果与观众进行眼神交流让你感到不自在，试试下面这个方法。当你在会场演讲时，从视线的左、中、右方向分别挑选一名看上去较为友好的观众，将其作为眼神交流的对象，每隔几秒看他们一次。待你感到舒适自然后，扩大视线范围，看向其他观众。

掌握该方法后，尝试挑战一个更具难度的练习：从会场的各个方向挑选出看上去不太友好的观众，以自信友好的目光望向他们，让他们感受到你的关注和兴趣。

我曾经给一群投资银行家做演讲时这么做过。当时，这群银行家刚刚结束一顿精美丰盛的晚宴（先是鸡尾酒，而后又上了好几道搭配葡萄酒的菜肴），等他们带着一身酒味回到座位后，我开始发表讲话。

现场不乏看起来疲倦不堪、心不在焉的观众，我从中挑选了三位面无表情者，他们看起来仿佛把我当空气，就差把"我没兴趣"几个字写在脸上了。演讲过程中，我不时地看向他们三人，努力用眼神把他们"揪"出来。不久，其中两个人调整了坐姿，开始以一种开放的姿态面向我，我从他们的眼神中感受到"他们与我同在"。但另一个家伙依然无动于衷，瘫在座位上，抱紧双臂，面无表情。

演讲接近尾声，从观众点头的动作和若有所思的表情中，我知道他们正在消化我所传递的信息。当然，那个家伙除外。我做了最后一次尝试，想用眼神把他吸引过来，但徒劳无功。就在我结束发言时，他居然昏睡过去，摔倒在了地板上！

我不能保证100%的成功，也不能保证在三个带有敌意的观众中，可以征服两个。但你会发现，自然生动的眼神交流对于掌握公共演讲的艺术来说至关重要。

此外，在日常对话中练习用眼睛"倾听"（即观察对方的肢体语言），提高察言观色的能力，为演讲的成功奠定基础。

声音

　　初中时，我常常因为在睡前思考生命的意义及宇宙的浩瀚虚无而难以入睡。为什么会有人类？如果我们不存在会怎样？人死后会发生什么？这些问题令我焦虑不安。当时，我借助一台金色的球状收音机入睡。我一直收听一个电台节目，从中传来的声音就是美国联邦调查局前人质谈判专家、谈判咨询公司黑天鹅集团创始人克里斯·沃斯（Chris Voss）的"深夜电台主播的声音"。直到现在，当我回想起几十年前的那个声音，我仍然感觉放松无比。沃斯指导他的学生使用这样的声音帮助他人在充满压力的谈判中舒缓心情，同时他还强调转变语气的重要性，因为语气的转变将会直接影响对方的思维、情绪及态度。

　　不论是在谈判还是演讲中，你的声音会对沟通产生巨大影响。做一个小实验：选择一个句子或短语，通过改变语气、语速、语调和音量来表示不同的意思。例如，试着让"是的，我确信你是正确的"这句话听起来像是在说"不，我确信你错了"。

　　除了改变话语的意思，声音还可以传递大量复杂而微妙的信息。比如打电话时，你能从朋友或亲戚的语气中推测出多少内容？仅凭"你好"两个字，你是否可以判断对方的心情？他们是抑郁、烦躁、激动还是热情？

　　语气、语速、语调、音量会在日常生活中的方方面面影响他人，尤其是在公共演讲中。而对于线上演讲来说，声音要素就更为重要了。

现在让我们一起来看看，如何利用你的声音促进目标的实现。

避免声音一成不变

你知道为什么我们能在隆隆的空调声或窗外车水马龙的声音中睡着吗？那是因为人脑中的网状活化系统在起作用。该系统既可以帮你无视重复的噪声，也可以因为某个突兀的声音（如闹铃）把你唤醒。

很无奈，如果演讲中演讲者的声音单调沉闷、一成不变，那么网状活化系统就会帮助观众快速入睡。因此演讲者需要像闹钟一样，根据演讲内容变换语音语调等声音要素，持续唤醒观众大脑。由此一来，演讲的影响力和可记忆性将得到大幅提高。例如，当你欲为接下来的内容制造悬念时，可以压低嗓音、放慢语速；当你向观众提问时，别忘记上扬声调；当你想要表达激情时，试着放开喉咙大声说话。总之，千万要避免声音一成不变，否则观众会像无视隆隆作响的空调那样把你忽略！

停顿的力量

（呃，啊……）停顿是（你知道，唔，这个……），它是与声音有关的（呃，啊……），很重要的一部分。有的演讲者害怕停顿，因此要么语速太快，要么使用大量的填充词（如呃、啊、你知道、这个等）。

老子在《道德经》中写道：

> 三十辐共一毂，当其无，有车之用。
> 埏埴以为器，当其无，有器之用。
> 凿户牖以为室，当其无，有室之用。
> 故有之以为利，无之以为用。 ❶

汲取老子的智慧，我们可以说："停顿以为言，当其无，有言之用。"只有停顿了，有了语言中空的地方，才能发挥语言的作用。停顿为你提供了呼吸、调整和思考的时间，也为观众提供了思考和消化演讲内容的机会。停顿能够吸引观众的注意力，给人一种自信之感。

演讲者可以通过回放录音来培养"可停顿性"。试着延长停顿，并探索合适的停顿时间；注意填充词出现的频率，努力消除它们，用停顿取代呃、啊。若停顿时机正确，则将产生一种催眠作用，令观众沉浸在你为其制造的梦境中。同

---

❶ 《道德经》中这段话的意思是：三十根辐条汇集到一个毂当中，有了车毂中空的地方，才有车的作用。糅合陶土做成器具，有了器皿中空的地方，才有器皿的作用。开凿门窗建造房屋，有了门窗四壁中空的地方，才有房屋的作用。所以"有"给人便利，"无"发挥了它的作用。（陈鼓应译本）——译者注

时，你也能趁此机会充分呼吸，想想自己正在说些什么。

马克·吐温（Mark Twain）认为："用词恰当也许有效，但没有任何词语比恰到好处的停顿更为有效。"他用诗意的语言歌颂了停顿的力量："那令人难忘的沉默，那雄辩的沉默，那带有几何级数性质的沉默，总能达到理想的效果，无论多么巧妙的措辞，也无法与之匹敌。"

马克·吐温还解释了他是如何把控停顿时长的："对于同样的停顿时间，有的观众认为过短，有的观众认为过长，还有的观众认为只长了那么一点。因此，演讲者在整个过程中应不断变换停顿时长，以适应不同观众的感知……我曾像孩子玩玩具一样使用停顿。"

我还记得当我读到此番言论时的兴奋之情，因为这些见解再现了我自己的学习方法与历程。像孩子玩玩具一样使用停顿并观察观众的反应，这一比喻是对灵活使用停顿的巧妙表达，而通过练习，我们每个人都能够达到这种驾轻就熟的境界。不论何种演讲场合，学习恰当停顿是建立威信、展现自信最简单有效的方法之一。当然，要想做好这一点，必须在日常对话中勤加练习。

运用亚历山大技巧
将站姿、行姿、手势、眼神与声音结合起来

声音的产生依靠气息与声带的接触，因此自由的呼吸

能够让你自如地发声。但如何实现呼吸自由呢？这取决于平衡、伸展而直立的人体姿态。训练基本站姿与行姿的同时，你的呼吸和声音将得到改善。而且，正如上文提到的，停顿给了你呼吸及与观众进行眼神交流的时间。科学数据表明，人脑的重量占体重的2%~3%，但它消耗的氧气却占人体摄氧量的30%。充分顺畅的呼吸能够为大脑输送更多氧气，从而提高说话的清晰性，增强你的气场。

尽管有时演讲日程安排极度紧张，但我的嗓子从来没有失声过，这是因为我运用了一种技巧。得益于该技巧，我能够自然真实地使用我的声音与肢体语言，且富于表现力。同时，这种技巧也适用于人们自学、改变习惯和转化恐惧。它就是亚历山大技巧（Alexander Technique），由澳大利亚演员亚历山大（F. M. Alexander）发明。传授亚历山大技巧的老师们利用精妙的手法，带给学生自如行走的体验，并帮助他们摆脱无意识或不必要的紧张，这种紧张会干扰呼吸、发声和舞台表现力。美国塔夫茨大学心理研究所前所长弗兰克·琼斯（Frank Jones）将该技巧描述为"通过抑制某些姿势来改变固有的反应模式""扩大意识范围以抑制或刺激某种行为，从而更好地结合反应模式中的反射运动和随意运动❶"。

---

❶ 反射运动是指人类的本能反应，固有的反应模式；随意运动又称"自主运动"，是受大脑控制的，由自我意识驱动。——译者注

　　我最喜欢美国作家格特鲁德·斯坦（Gertrude Stein）的哥哥利奥（Leo）对这一技巧的描述，他称其为"眼睛盯着生活之球看的方法[1]"。

　　亚历山大技巧在世界知名的戏剧和音乐学院（如美国茱莉亚学院和英国皇家戏剧艺术学院）作为一门课程开设。许多著名艺术家都掌握这一技巧，如保罗·纽曼（Paul Newman）、乔安妮·伍德沃德（Joanne Woodward）、斯汀（Sting）、约翰·克里斯（John Cleese）、玛丽·斯汀伯根（Mary Steenburgen）、乔治·索尔蒂爵士（Sir George Solti）、保罗·麦卡特尼（Paul McCartney）、黛博拉·多曼斯基、约翰·豪斯曼（John Houseman）、詹妮弗·杰森·利（Jennifer Jason Leigh）、哈尔·霍尔布鲁克（Hal Holbrook）、西格妮·韦弗（Sigourney Weaver）、大卫·海德·皮尔斯（David Hyde Pierce）、伯纳黛特·彼得斯（Bernadette Peters）和伊恩·麦凯伦爵士（Sir Ian McKellen）。

　　在我刚刚踏入职业演讲行业时，我通常是会场中年纪最小的那个。亚历山大技巧赋予了我优雅的仪态与强大的气场，让我在与年长之人交流互动的过程中，也能毫不怯场，始终坚持自己的立场。现在，我一般都是会场中年纪最大的那个，但也是最具活力、仪态最好的那个，这亦得益于亚历

---

[1]　英文有句俚语"keeping your eye on the ball"，指在比赛时，眼睛要盯着球看，引申为专心致志。这里把生活比作球，意思是要扩大意识范围，加强对生活的关注。——译者注

山大技巧。

为了端正仪态、增强气场，除了每天进行STAND EASE
站姿训练，还可以学习亚历山大技巧。效果较好的方法是报
名参加专业培训师的私教课或者参加技巧培训营，但本书也
为你提供了一个简单的入门训练。

平衡休息状态

进行此项入门训练，只需一个相对安静的环境、铺有
地毯的地板、几本平装书以及15~20分钟的时间。

将书放在地板上，然后往前走，直到与书本的距离大
约与你身高等长。背对书本站好后，双脚分开与肩同宽，
双手轻垂于身体两侧，用柔和而警觉的目光，抬头注视
前方。保持这个姿势几分钟，进行一套STAND EASE站姿
训练。

自由呼吸，感受双脚贴合地面，注意脚底到头顶的距
离。保持双眼明亮有神，凝神倾听四周声音。

几分钟后，放松躯干，慢慢平躺于地板上。双手向后
支撑身体，双脚放在前面的地板上，膝盖向上弯曲，继续自
由呼吸。

向前微微低头，以免颈部肌肉绷紧或头部后仰。随
后，沿着地板慢慢滚动脊柱，从而将头部置于书本之上。书
本支撑头部的地方应位于颈部与头部相接之处，如果位置不

对，用一只手托住后脑勺，另一只手调整书本位置。添加或挪走书本，直到你感觉书本的高度能够使颈部肌肉轻柔地拉伸。整个过程中，双脚应该始终贴合地面，膝盖弯曲指向天花板，双手松弛地放在地板上或叠放于胸前，让地板支撑身体的全部重量。

平衡休息状态

以这样的姿势休息。当你休息时，重力会拉长脊柱，重新调整躯干位置。但是不要闭上眼睛，以免睡着。将注意力放在呼吸韵律上，感受全身上下脉搏的轻柔跳动。意识到地面正在支撑你的背部，随着后背渐渐打开，让肩膀休息放松。拉伸舒展全身的同时，保持颈部自由灵活。

保持这个姿势休息15~20分钟后，慢慢站起来，注意在此过程中不要紧绷身体或弯腰曲背。为了实现平稳过渡，决定何时起身后，轻轻坐起来，维持新的协调与伸展之感。随后缓慢移动身体至爬行姿势，单膝跪地。最后，用头部引领躯干向上，站起来。

　　站定片刻，凝神静听。再次感受双脚贴合地面，注意脚底到头顶的距离。你会惊讶地发现这一距离增加了。最后复习一遍STAND EASE。结束训练回归日常生活后，注意不要破坏这种伸展、放松、挺拔向上的姿态。换句话说，时刻留心自己的举止，摆脱不良习惯的束缚，如开车打方向盘时弯腰曲背、刷牙时用力握住牙刷、玩手机时伸长脖子缩着肩膀、厨房切菜时耸起肩膀。随着你在日常生活中培养更为优雅的仪态，你会发现在舞台上保持这样的言行举止会更轻松自然。

　　为了达到更好的效果，每天进行一次平衡休息状态训练，时间可以是在早上起床时、下班回家后或晚上睡觉前。如果你没有15~20分钟那么多的时间，每天投入5~15分钟也能受益。在为演讲做准备时，该项训练尤为有用，因为它能毫不费力地帮你展现挺直而放松的仪态。

　　2008年，亨德尔的歌剧《拉达米斯托》（Radamisto）在美国圣达菲歌剧院上演，好评如潮。抒情女中音黛博拉·多曼斯基在剧中饰演公主泽诺比亚（Zenobia）。其中有一幕，多曼斯基一边沿着舞台翻滚，一边歌唱咏叹调。即便这样，在这个拥有2200个座位的露天剧院里，坐在后排的观众依然能够听到她美妙的歌声，并沉醉其中。过后有人问多曼斯基，是如何做到让现场所有人都清楚听见其声音的，多曼斯基解释道："这归功于我上的亚历山大技巧课以及每天坚持平衡休息状态训练。"12年后，多曼斯基的音色更为丰富，花腔唱功更为了得，舞台气场也更强了，但这一切并没有费多大力气。她的秘诀是什么？"我的声乐老师是传奇女演员兼歌唱家贝雷特·阿尔卡亚，她还是一位出色的亚历山大技巧培训师，比我大30岁，唱歌很好听。她教会了我如何在行动与呼吸中获得更大的自由，由此我能更轻松地歌唱，声音也不会出什么问题。"多曼斯基现在也为专业歌手和公共演讲家进行发声和舞台气场培训，她补充道："当人们不再用力过猛，而是像冲浪者御浪而行或鸟类借助上升热气流翱翔空中那样，学着让声音漂浮在气息之上发出来，由此出现的音质往往令他们惊奇不已。"

DOSE：转化恐惧的灵丹妙药

平衡休息状态和STAND EASE是训练肢体语言最简单最有效的两种方式，每天坚持训练，有利于培养优雅的仪态，增强气场。如果你还掌握了亚历山大技巧，那么你在公共演讲舞台上对肢体语言的运用就会像马友友[1]给大提琴调音那样得心应手。

然而，尽管做了许多准备，进行了许多训练，当你想到马上要上台演讲了，依然会被强烈的恐惧笼罩。因此，你

---

[1] 马友友，美籍华裔大提琴家，生于法国巴黎，曾多次获得美国格莱美奖。——译者注

还需要学习一些简单实用的方法来帮助你克服恐惧。人意识到恐惧时，体内会分泌肾上腺素并进入血液，产生强大的力量，并伴随相应的肌肉收缩。由这些激素引起的反应被称为战斗或逃跑反应，这一本能反应帮助我们在遇到攻击时做好瞬间爆发（战斗或逃跑）的准备。

然而，演讲前或演讲中途逃出会场或攻击观众都不是什么好主意。因此，大多数演讲者只是坐在那，紧绷神经，等待自己的轮次。我把这种状态称为"坐在罐头里不得动弹（sitting in the CAN）"，CAN还是皮质醇（cortisol）、肾上腺素（adrenaline）和去甲肾上腺素（norepinephrine）的首字母缩写。当你感受到舞台恐惧时，这些应激激素便会流经体内。

DOSE是英文单词"一剂（药）"的意思，也是另外四种激素的首字母缩写：多巴胺（dopamine）、催产素（oxytocin）、血清素（serotonin）和内啡肽（endorphins），它们又被称为"快乐激素"或"天使的鸡尾酒"，可以帮你缓解紧张情绪。

怎样才能从罐头（CAN）里爬出来？给自己来一剂（DOSE）灵丹妙药！这剂灵丹妙药由以下配方组成。

锻炼

锻炼是演讲前调整生理机能最简单有效的方法。如果可能，在演讲当天早上进行一次剧烈运动，如打沙袋、打壁球或匹克球，出汗越多的运动越好。通过剧烈运动，你可以释放出战斗或逃跑时所拥有的力量，并让这股力量流经全身。

如果你去不了健身房，不必焦虑，找一个私人空间，进行以下几个热身运动。通过新陈代谢，你的压力激素会减少，快乐激素会增加，相应的肌肉收缩模式也将被触发。

打空拳

如果你无法跑步、打沙袋或打球，试试打空拳。在房间里轻快移动，对着空气出拳，3分钟后你会感觉自我状态变得好多了。

做鬼脸，大声笑

恐惧会让你自己及你的演讲变得过于严肃，导致你面部僵硬，仿佛戴上了僵尸面具。像职业演员一样，做鬼脸可以帮你改善这种状况。站在镜子前，做出最可怕的鬼脸，同时尝试其他极端表情，如暴怒、震惊、悲痛、狂喜等。最后，扮一个你所能想象的最愚蠢的鬼脸。伸出舌头，让下巴松弛下来，然后以这种下巴松弛、看上去有点愚蠢的方式进行前几分钟的演讲。做鬼脸除了能愉悦心情，还能锻炼脸部肌肉，让你的表情变得更丰富，看上去更放松。你会发现，在演讲前扮成智力障碍者可以让你在演讲时看起来不那么愚蠢。

此外，做鬼脸也是逗笑自己的有效方法，而笑声能够促进内啡肽的快速分泌，显著降低压力激素水平。

听最爱的提神音乐

和许多运动员一样，勒布朗·詹姆斯在前往篮球场的路上或在更衣室等待比赛开始时，都会戴上耳机听自己喜欢的音乐。听自己喜欢的音乐有助于他们做好准备，从而发挥最佳水平。同样的道理也适用于公共演讲。最近，在《美国国家科学院院刊》(*Proceedings of the National Academy of Sciences*) 发表的一篇研究报告解释了詹姆斯们从经验中习得的道理："听你喜欢的音乐会让大脑释放更多多巴胺。"

享受芳香疗法和巧克力疗法

薰衣草和香草的气味会刺激内啡肽的分泌，黑巧克力也有此种功效。经证明，薰衣草和香草的味道是有效的情绪提升剂，而黑巧克力则是一道不错的"赛前点心"。你甚至可以买到混合薰衣草和香草的黑巧克力。演讲之前先来一点，计划剩下的结束后再吃，以做庆祝。期待庆祝将显著提高多巴胺水平。

与观众建立非正式联系

我们在前面的秘诀中提到，提早到达演讲现场为你提供了与部分观众会面的机会，你可以借此了解他们的想法。除此之外，你也会发现，如果能够事先接触一批观众，与其进行诚恳的眼神交流、交换微笑、握手甚至拥抱，你会感到放松许多，与观众的联系也更紧密了。这种人际互动将促进催产素的分泌，帮助你和观众感到更自在。

当你爬出罐头，服用一剂以上药方配制而成的灵丹妙药后，你会发现自己的肢体语言变得更自然、更优雅且更具表现力。

本森亨利心身医学研究所前临床主任、压力与复原力权威专家伊娃·赛尔哈布评论道："这些简单的训练可以帮助你控制体内激素水平，使你感到身心愉悦、思维开放，演讲时也将变得更放松、思路更清晰。当人们遇到威胁或感到孤立脱节时，压力激素和人体压力系统通常会被过度激活，但通过以上训练，激素的分泌及压力系统的运转将得到控制，由此抑制了压力及其相关的因素所带来的负面影响，进而增加了社交联系，增强了吸引力。"

赛尔哈布补充说："我对这些训练的认可与支持，不仅是基于一名科学研究者的观点，还源自我本人作为职业演讲家的亲身经验。"

以下还有一个训练，可以帮助你在公共演讲时展现最佳状态。

减轻骨骼压力

美国哥伦比亚大学的杰拉德·卡森蒂（Gerard Karsenty）团队在《细胞代谢》（*Cell Metabolism*）期刊上发表了一篇

关于骨骼在应激反应中所起作用的研究。卡森蒂指出，我们的骨骼会在受到急性压力时释放出一种名为骨钙素的激素。该研究包括测量患有舞台恐惧症被试者的骨钙素水平。

站立冥想之所以能够有效地激发持续平静之感，大概是因为它对齐并强化了我们的骨骼。经过几千年发展而成的一项辅助训练方法——骨髓净化法，对于预防和逆转战斗或逃跑反应具有特别的功效。本书提供了一个最简单的版本，你可以在上台前加以练习，以减轻骨骼压力。

采取最佳站姿，进行30秒站立冥想，然后开始骨髓净化法训练。首先，轻柔摇晃整个身体，重复进行微蹲—起身的动作，注意双脚不要离开地面，这其实就是幼儿园里的"全身动一动❶"游戏，但这项协调能量的练习同样适用于成人。如果能像孩子那样尽情摇摆，效果最好，过度的严肃和焦虑，当然还有骨钙素统统都会被甩掉。"全身动一动"1分钟左右，并在最后20秒冲刺，加上几次深呼气。继而恢复到完全静止的状态，进行30秒站立冥想。你会发现身体各部位，尤其是双手有种松松麻麻的感觉，很舒服。

接下来，鼻子吸气，下腹扩张，掌心向上伸向天空。注视天空，想象自己正在汲取宇宙的灵气和疗愈能量。随后，鼻子或嘴巴呼气，翻转掌心正对地面，目光向下，感受自己

---

❶ 幼儿园体育游戏，尝试双脚站立不动扭动身体的各种方法，以提高身体协调性。——译者注

正在用刚刚汲取的灵气和疗愈能量顺着骨髓净化全身，并将剩余的压力、紧张和骨钙素释放入地面。重复七个回合。

以上所有的训练都将帮助你降低压力水平，促进快乐激素的分泌。为了实现最好的训练效果、掌握公共演讲的艺术，请坚持每天练习，提高身心与思维的协调性。在本秘诀中，我分享了许多我所学到并亲身实践的方法。除了锻炼、听音乐、吃黑巧克力等，我每天还会进行STAND EASE和平衡休息状态训练，实践亚历山大技巧。由此，每当我上台演讲，我能轻易地保持优雅姿态，散发出强大气场。

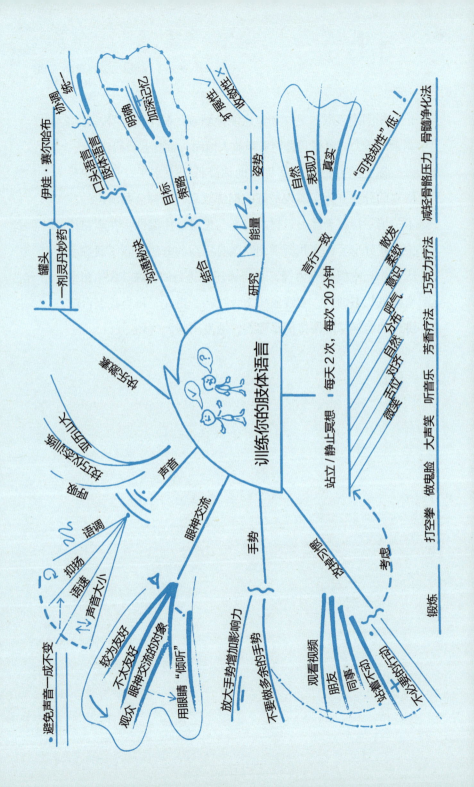

秘
诀

成为一位推销员

"他企图诓我！"

我的爷爷杰克（Jack）常用这句话来表明有人企图骗他购买毫无价值的东西。杰克是乌克兰犹太移民，他白手起家，从一名"血汗工厂"的缝纫师一路摸索，开办起了自己的服装企业。他明白，他的顾客，那些家庭妇女，都想穿得漂漂亮亮的。于是带着无懈可击的逻辑，杰克问道："谁是最好的设计师？"答案于他而言很明显："意大利人。"

杰克聘用了罗莎（Rosa），她是名美籍意大利画家兼设计师，当时刚从巴黎的艺术之旅回来。杰克对罗莎一见钟情，在她上班的第一天就向她求婚了。罗莎犹豫不决，但杰克坚持不懈，不断"推销"自己，最终说服了她。我的存在归功于杰克的推销能力，但除此之外，他在很多方面都是我的好榜样，对此我非常感激。

杰克工作努力，富于创新，对品质与价值有着不懈的追求。他还拥有大多数卓越领袖都具备的品质——作风亲民，平易近人。杰克以尊敬和公平的态度对待所有合作伙伴，对待长期员工尤其慷慨，他为这些员工在纽约市下东区服装园区设立了首个利润分红计划。

自我爷爷生活的年代开始，世界发生了翻天覆地的变化，至今我们仍然强调努力工作、创造力、品质、尊重与公平的重要性。

从某些方面来说，由于信息获取的便捷性，商家"诓人"已不再像从前那么容易。例如，当我们购买汽车时，我们可以事先上网查询汽车的实际价格，从而避免与销售人员沟通时处于一无所知的状态。此外，得益于Yelp❶、猫途鹰❷（Tripadvisor）等网站的诞生，我们几乎可以搜到任何产品的用户评价。

　　然而，随着技术的进步，强行推销者及行骗人员的手段也变得越来越高明。北美商业改进局指出："销售骗局可追溯到人类诞生之初，而互联网提供了全新的诈骗方式。100年来，我们一直在劝告消费者：如果某样东西听起来好得令人难以置信，那它大概率不可信，这一点并不会因为行骗者通过电脑而非前门潜入你家发生改变。"

　　事实上，现在的行骗者比以往更加猖獗。英文中，行骗老手被称为"诈骗艺术家（con artist）"，这是有一定道理的。如果你读过美国作家弗兰克·阿巴内尔（Frank W. Abagnale）的自传《有本事来抓我吧》（*Catch Me if You Can*），或者看过根据本书改编、由莱昂纳多·迪卡普里奥主演的英文同名电影（中国又译作《猫鼠游戏》），你就会被主人公的沟通能力及洞悉他人需求的能力所折服。阿巴内尔早年因伪造数百万美元的支票被抓，出狱后他将这些技能

---

❶　Yelp是美国商户点评网站。——译者注

❷　Tripadvisor是全球领先的旅游网站，主要提供来自全球旅行者的点评和建议——译者注

用到了正道上。阿巴内尔成为世界上最受尊重的防伪造和反诈骗专家之一，美国联邦调查局的顾问，同时也是一名非常成功的职业演讲家。

究竟是什么让阿巴内尔改邪归正的呢？既不是监狱也不是宗教，他回答称："是爱。"阿巴内尔解释道，遇见妻子改变了他的一生："我很幸运，找到了愿意相信我的人。"他们现在已经结婚36年了，有三个孩子。

利用行骗的艺术进行推销与利用沟通的艺术进行推销有何区别？

意图不同。

在好莱坞，人们会说："真诚是通向成功之路的关键。一旦你能伪造真诚，便离成功不远了。"演员们通过伪造真诚谋生，大多数政客也不例外。

然而，好莱坞之外，成功与幸福的秘诀在于找到你真正相信可以让世界变得更好的产品或概念，随后将其推销出去。这一原则适用于10%以销售为职业的人，但也适用于我们剩下90%的人，因为每天我们都在"推销"自己的想法，试图说服他人。

改变世界的两个问题

愤世嫉俗者讽刺道"好人总是会输掉比赛"，但是他们忘了"老鼠赛跑，就算赢得了比赛，也还是只老鼠"。我热衷于追求真理，有一次，我听说一位著名的冥想大师要来镇上讲学。虽然这次活动并不面向社会公开，但我还想办法弄到了活动召开的时间与地点。讲学的场所很不起眼，但一进现场，我发现里面挤满了人，大家都热情高涨，满怀期待。

待祈祷与冥想环节结束后，大师终于现身了。我内心颇为激动，正等着听他发表一番深刻精辟的见解，然而，只听他宣告道："勿行恶，但行善！"随后便鞠躬离开了。

在你推销一切东西之前——一切东西！——请思考你的意图。勿行恶，但行善！始终秉持基本的善意，于己或于他而言都是获得幸福的关键。在本秘诀中，我们将探讨提高推销技能、影响力及说服力的方法，这些方法十分强效，必须只能用于正途。

无论你是名职业销售人员，靠售卖商品或服务为生，还是只是处于一段人际交往中，如试图说服伴侣搬家或是让儿子同意报名普通话班等，你所推销的一切，必须出于好的意图。

"确保你能回答两个问题。"《推销是人性：打动他人的惊人真相》（*To Sell is Human: The Surprising Truth about Moving Others*）一书的作者丹尼尔·平克提出，"如果对方同意购买，其生活是否会得到改善？交易结束后，世界是否因此变得更好？"将这两个问题铭记在心，你便可以通过知行合一来改变世界。很多推销者无法给出肯定的回答，只是因为他们不知道是否还有更好的产品或服务。

史蒂夫·利尚斯基在其著作《终极销售革命：改变销售方式，改变世界》(*The Ultimate Sales Revolution: Sell Differently. Change the World.*) 中指出："销售必须守住道德底线，成为沟通、关系建立、影响力、最终实现价值创造最大化的有效实践。""由此，销售便可进一步发展为最大化贡献与价值的普遍实践。"

"货物出门概不退换，买主须自行当心"的警示是有一定道理的，传统推销方式仍未背离我爷爷口中"诓人"的本质。例如，穿上某品牌的鞋子不会让你变成运动健将；喝某个牌子的啤酒也不会让你变得更风趣幽默。又如，特殊的身体喷雾无法赋予你迷倒众生的魅力；高咖啡因的含糖饮料更难以"让你的能量超乎你的想象"，只会增加患上糖尿病的风险。

记住，你所说的话必须无可指摘，并以低承诺、高交付的形式来管理顾客期望。

探索最有效且符合道德规范的推销方式之前，让我们先来考虑两个基本假设：①人人都是推销员。②有效的推销基于我们每个人都可以学习的技巧。

人人都是推销员

人人都是推销员，推销是我们日常生活的一部分。美国著名励志演说家吉格·金克拉 (Zig Ziglar) 评论道："也

许你的职位不是销售人员，但如果你所在的公司要求你与人
打交道，那么你，我的朋友，你就是位推销员。"

爷爷杰克说服我奶奶罗莎嫁给他，家长向孩子灌输做
作业的重要性，如果你有了一个创新性的想法，你必须动员
他人参与进来，使其变为现实。我们每个人，从艺术家到动
物学家，都不断地在向他人推销自己的想法。

丹尼尔·平克指出，无论我们从事何种职业，销售技
能都扮演着十分重要的角色："医生要向病人'推销'药方，
律师要向陪审团'推销'判决结果，老师要向学生'推销'
认真听讲的重要性；企业家卖力争取投资者，作家示好制片
人，教练招揽球员。无论我们的职业是什么，都需对内团结
员工，对外拉拢客户。"

《牛津英语词典》(*The Oxford English Dictionary*)就动
词sell（销售，出售，卖）列出了如下同义词（组）：promote
（促销，推广），persuade someone to accept（说服某人接受），
talk someone into（说服某人去做……），bring someone around
to（改变某人的观点，说服某人），win someone over to（赢
得某人的支持，把某人争取过来），win approval for（获得
某人的批准），persuade someone of the merits of（使某人信
服……的优点）。

美国销售培训公司销售学院总裁杜安·斯帕克斯将销
售定义为"利用一个人的沟通技能来获取另一个人的承诺"。

传统销售队伍由职位中带有"销售"一词的员工组成，

而现在每位员工，无论什么职位级别，组织都会鼓励其接受正式培训，以此把握每一个能够推销的机会。目前，各个组织的一大趋势便是建立发展所谓的"非传统销售队伍"。斯帕克斯称，"非传统销售队伍"这个已经存在多年的概念，目前逐渐受到人们重视："我们正为越来越广泛的客户提供销售培训服务，包括医生、护士、会计、律师、顾问、技术人员、营销人员、客服代表等，凡是你能想到的，都来我们公司接受过培训。"

过去，多数组织中的销售队伍往往只负责"卖卖卖"，而不必与产品（实物产品、服务产品）开发部门协调。然而，销售与产品开发的结合对于企业的健康发展来说十分重要。以美国环境与建筑风险管理公司希尔曼咨询为例。希尔曼的环境科学家与建筑工程师都需要接受培训，学习如何推销他们自己开发的服务，从而提高承诺提供与实际交付的一致性。创始人克里斯·希尔曼就这种"销售者—开发者"模式评论道：

> 多年来，我们最成功的技术人员很自然地就变成了懂销售的开发者。他们管理客户关系，建立新的客户联系，同时推动新业务的发展。当然，开发是技术人员的首要任务，我们并不试图让每个运营团队成员都成为销售人员。鼓励技术人员与客户发展关系，并发挥其专业知识，识别出能够为客户企业增添价值的

机会，从而成为客户真正的伙伴，这是我们一直以来的核心。

实践证明，希尔曼运营团队与业务拓展团队之间的合作是"销售者—开发者"模式的理想实践。如果运营团队的一位技术人员识别出了机会，但由于手头太忙无法有效跟进，那么我们会鼓励其与当地业务拓展人员合作。运营团队与业务拓展团队对于提升客户体验、扩大经营范围来说都不可或缺。在希尔曼，我们对销售的定义是：采取团队合作的方式预测客户需求，并以能够使客户获利的方式实现需求！

有效的推销基于我们每个人都可以学习的技巧

利用沟通技巧来获取他人的承诺，这种能力是人人都可以培养的吗？

是的！

人们普遍认为，若想成为出色的推销者，必须具备某种特定的人格或社交风格。简单来说，在大众眼里，性格外向者最适合做销售，然而这是一种片面的观念。

杜安·斯帕克斯解释道："大多数人，甚至职业销售圈内部，都认为具备说话天赋的外向者是'天生的销售员'，他们能说会道，可以与任何人就任何话题侃侃而谈，因此若想'培训'他们，只需请励志演说家给他们'打点鸡血'。"

然而，斯帕克斯强调，无论一个人具有何种人格特质，其销售能力都可以通过后天培养。截至目前，斯帕克斯的公司销售学院已经培训了近50万名销售人员。

那么为了提高销售能力，最需要培养哪些技巧？销售学院提出："从个人层面来看，演讲技巧具有最大的提升空间。"

无论你是外向者、内向者、善于分析者、驱动者、改革者，还是和平缔造者，演讲都是一项你可以学习的技能。而且，出色的演讲往往是与观众建立关系的结果。如果观众喜欢你，他们便愿意被你影响。当代影响力研究证实了一句俗话："人们因为情感购买商品，并用逻辑证明购买行为的正当性。"

《牛津英语词典》将影响力定义为"改变他人行动、行为、观念等的能力"。职业演讲家都接受过影响力培训，演讲是影响力的实践。此外，即便你认为自己并非职业演讲家，也不从事任何产品或观念的推销，了解别人试图影响你的方法也是十分重要的。

经典著作《影响力》（*Influence: The Psychology of Persuasion*）的作者、影响力教父罗伯特·西奥迪尼结合说服科学六十多年来的研究成果发现，虽然大多数人相信自己是靠理性分析来做决定的，但事实上正是那些无意识的、本能的反应决定了我们如何被他人影响，西奥迪尼据此总结了影响力的六大原则。学习这些原则后，一方面，你将提升自我认知，从而做出更明智的决定；另一方面，你也将提升自己的说服技巧，变得更具影响力。但注意，这些原则同样只可用于正途。

为了方便记忆，我利用首字母缩写RESALE来代表这六个原则：互惠原则（reciprocity）、承诺一致原则（engagement）、稀缺原则（scarcity）、权威原则（authority）、好感原则（liking）、社会认同原则（everyone）。

互惠原则

这些年来，我曾在多场线上学习课程与峰会上担任嘉宾，最近，我开办起了自己的线上培训课程。刚开始，我们总是被要求提供"赠品"，以鼓励人们报名参与，我承认这让我觉得有些恼火。但后来，我意识到，提供赠品是与受众建立联系、提高参与度的必要手段。线上学习领域竞争激烈，如果想让人们点开链接、报名参与，最好以免费的形式发出邀请。互联网让互惠原则的作用比以往更明显——如果你想在该领域获得成功，那就做好赠送许多课程资料的准备。因为人脑就是这么运作的，它驱使着我们回馈他人的赠予，人类文明在很大程度上也是围绕互惠原则发展起来的。在网上观看一些有用但免费的视频后，最终你会点击"喜欢"或"订阅"按钮（除非你是个冷血无情的家伙），而这意味着你已踏上成为付费用户的道路（关于这点我们会在承诺一致原则中深入讨论）。

当你在餐馆结账时，如果获赠一块曲奇饼干或一颗薄荷糖，你很可能会留下一笔丰厚的小费。超市里的食品试吃主要是为了吸引消费——你若觉得好吃，往往就会做出购买决策。同样的道理，允许免费品尝的葡萄酒店，其销售额通常更高。互惠原则在日本文化中尤为突出。日本人讲究"义理"，强调受人恩惠便须报答，会在特定的节日互送礼物以表谢意，义理文化也是日本许多文学、艺术和戏剧作品的主题。

　　文化人类学家认为，人类社会通过建立"互惠之网"发展繁荣起来。不论是在劳作还是在其他方面，人们彼此依赖，通力合作，相互关切与扶持，以此增强对社会的适应性。给予让施惠者产生内在的欢愉，同时也激励受惠者主动予以回报。正如老子所言："将欲取之，必先予之。"

　　《蓝图》（*Blueprint: The Evative Origins of a Good Society*）一书的作者尼古拉斯·克里斯塔基斯（Nicholas A. Christakis）解释道："正是善意的传播证明了我们生活在网络之中。如果我总是对你施暴，或者把细菌传染给你，你就会切断与我的联系，这时网络便将瓦解。从根本来讲，一次次善意搭建起了网络，网络的出现与传播需要善的存在。"

　　职业演讲家能够有效运用互惠原则。著名演讲家维多利亚·拉巴勒姆（Victoria Labalme）往往随演讲赠送名牌唇膏，出手慷慨，以此博得观众与潜在客户的好感。研究发现，出乎意料、具有记忆点且个性化的礼物最受欢迎。例如，如果会议的赠品是一支钢笔，上面印有会议名称和主题，这是一回事，倘若把与会者的名字也添上，那效果就更好了。

虽然运用互惠原则需要一定的技巧，但成功的实践者往往是那些真正关注他人福祉、并能及时有效提供帮助与支持的人。

承诺一致原则

人类行为另一相通之处在于，一旦我们对一项提议给出口头或书面的承诺，我们更有可能贯彻该提议，尤其是在公开场合做出的承诺。换句话说，大多数人的自我价值感和认同感来源于言行一致。

西奥迪尼在书中提到，如果有人敲开你家门，声称自己是安全驾驶运动的成员，请求你同意在前院草坪上竖起一块巨大的木制广告牌，不出意外，你会拒绝。但如果10天前，有人为了同样的目的来访，请求在你家窗户上张贴一张小广告，你当时答应了，会怎样呢？为了使自己的行为和新近形成的自我形象相吻合，你更倾向于同意10天后提出的请求。西奥迪尼的研究将被试者分为事先询问组和未经询问组，研究结果表明，事先询问组中同意设立巨型广告牌的人数是未经询问组的4倍。

影响力强的职业演讲家经常会用到承诺一致原则。例如，针对某个提议，邀请观众举手确认，这是最简单的一种方式。培训结束后，要求人们写下自己所学到的最重要的内容以及打算如何运用。写完后，邀请每个人公开阐述自己的学习成果及日后计划，这有利于深化所学知识。此外，公开承诺大大增加了人们贯彻执行的可能性。

稀缺原则

现在是凌晨2:30，你失眠了。打开电视，发现自己居然被电视里的广告所吸引：去粉刺神器、多功能烤架、快速致富的房产计划……几乎每个人都经历过广告的催眠作用。广告催眠的一个方面体现在，它总是呼吁你"马上行动"。为什么？因为"数量有限"！另外，如果你在15分钟内下单，即可享受"隔夜发货，免运费"的福利。然后屏幕上就会出现倒计时。这些广告每天播放好多次，连播好多天，但每次总会呼吁我们"马上行动""限时优惠，抓紧抢购"。

这样的促销策略听起来有些好笑，美国《周六夜现场》（*Saturday Night Live*）及其他电视节目常拿来用作讽刺素材。但不可否认的是，这种促销方式营造出一种"稀缺感"，有效激发了消费者的购买欲望。这是因为人的本性如此，越难得到的东西我们越想得到，越稀有的东西越想拥有更多。

大脑中与生存有关的区域使我们极易受到"数量有限""限时抢购"等推销说辞的影响。稀缺原则通常也被称为错失恐惧症，患有这种症状的人群总是在担心自己会错过什么或失去什么。

在我演讲职业生涯初期，潜在客户常以电话形式询问合作事宜，也许是遗传了我爷爷的销售天赋，我出于本能地知道应该表现出很忙的样子，告诉对方得先"看看日程安排"。当然，我们必须明智地使用稀缺原则，把握好时机与策略，尤其是针对约会邀请。被誉为"吸引力医生"的社会心理学家杰里米·尼科尔森指出，在处理人际关系时，"欲擒故纵"需要把握一定尺度："表现得过于热情会降低自己对于对方的'稀缺感'，而表现得过于冷漠又可能导致追求者直接放弃。关键是要表明自己做决定是有选择性的，即让追求者知道和你在一起并不容易，但仍有机会，只要他们继续努力。"

杰里米·尼科尔森还解释了稀缺原则在工作领域的作用方式："与上司或潜在领导交流时，如果表现得自己特别想要得到这个机会，那么很可能沦为他们的'工具人'。若表现得兴致缺缺，漠不关心，他们则会选择看起来更投入、更有动力的员工。正如对待追求者一样，运用稀缺原则的关键在于表明自己有所选择的同时，让对方知道你在认真考虑他们的提议。"

权威原则

当你走进有人的场所，不论是餐馆、礼堂还是会议室，大脑边缘系统一直在监视着你的状态，监视着你在社会群体中所处的地位。我们会下意识地对各种信号做出反应，

如一个人的身高、面部匀称性、穿衣品位或肢体语言、口音
等。此外，大脑边缘系统也会自动地评估我们相较于他人的
地位，并驱使我们服从那些位高权重者的建议或指令。

以葡萄酒商店为例，人们更愿意购买由知名品酒专家
给出的高评级葡萄酒。一些不道德的商家有时会利用虚假评
级，或者将赞美另一种葡萄酒的促销牌摆放到意图出售的葡
萄酒旁，打赌潜在顾客不会发现其中的差异。人们倾向于追
随外界所谓的权威人士，这对商家行为产生了方方面面的影
响，小到虚假销售，大到走上犯罪的道路。

正如我们在"秘诀5"中提到的，正式演讲场合最好安
排受人尊敬、德高望重者来介绍你。此外，你的着装、站
姿、行姿、声音、用语，尤其是说话的清晰性与气场，都会
展现你的权威。

好感原则

许多年前，我在美国南弗吉尼亚州斯威特布莱尔学院
一个美丽的人工泳池游泳，我本以为只有我一个人，但突然
看见离我几米远处，一位女士从水面下冒出来，环顾四周。
我猜她肯定也以为这个泳池只有她一个人，我们俩都惊讶地
看着对方。她问道："朋友还是敌人?"问完，我们都笑了，
继续游了起来。

我们的大脑不仅会评估自己相较于他人的地位，还会
快速判断对方是敌是友。当我们喜欢对方，认为对方是朋友

或有可能成为朋友时，我们就容易受其影响。那么大脑是如何做出判断的呢？研究表明，这取决于几个关键因素，"共同感"便是其中之一。换句话说，我们倾向于喜欢与自己相似的人，并常常对那些看起来不同的人持怀疑态度。我们还倾向于喜欢目标一致、价值观相同及表现出合作行为的人。此外，我们也容易受到正面评价的影响，赞美甚至是明显的奉承都会让我们更乐于接受别人的请求。

演讲时，观众通过一系列线索来判断对你的"好感度"，首先是肢体语言和声音。如果你以轻松、挺拔、自信的姿态走上舞台或走到会场前，如果你面带笑容、真诚地问候观众，那么你就为影响力的产生创造了条件。

心理学家纳利尼·安巴迪（Nalini Ambady）曾做过一个实验，他向被试者展示了不同教授上课的录像，每段录像时长30秒，看完后请被试者对每位教授的讲课有效性进行评分。实验结果令人惊讶——这些被试者基于心理学"切片[1]判断"给出的评分与上过一学期课的学生给出的评分几乎完全一致。进一步的研究表明，被试者观看录像的时间不到10秒，就能给出准确的评估。安巴迪将这种快速解读肢体语言的能力归因于"进化适应，即人类在进化过程中分清敌友的需要"。

---

[1]　切片，心理学术语，用来描述大脑如何用非常有限的信息得出强大而令人惊讶的准确结论。——译者注

除了以轻松、挺拔、自信的姿态走上舞台，在演讲开始前真诚友好地问候观众也是个好主意。例如，不要像大多数人一样以正式、枯燥的方式说"早上好"，你应该发自内心地说这句话，真诚地向观众打招呼。接着，停顿片刻，等待观众回应。通常情况下，即使是大规模的观众，也会给予友好回应。演讲过程中，只要情况合适，便可分享你与观众的共同之处，并以真诚有趣的方式称赞他们，从而与其建立联系（记住"秘诀4"中土耳其安卡拉的例子）。

社会认同原则

大脑的边缘系统激发从众行为。如果每个人都在做某件事、谈论某个话题、购买某样东西，那么我们也会渴望做这件事、谈论这个话题、购买这样东西。西奥迪尼将这种现象总结为社会认同原则，这一原则实际上是权威原则的变体。西奥迪尼根据实验结果指出，患者更愿意听从在办公室里摆放资格证书的理疗师的建议。为什么当我们看见由某个知名机构颁发的资格证书时，我们的思想与行为会受到影响呢？这是因为我们感受到了该机构的权威。社会授予了机构权威，而机构又把这种权威授予获得资格证书的个体。另有证据表明，社会认同原则对我们产生的影响远比我们意识到的要大。人们常常以他人的行为作为自己行动的参照，尤其是当内心感到不确定时。走在德国柏林街头，行人闯红灯的现象极为少见；但在美国曼哈顿，几乎人人都闯红灯，即使是来自柏林的游客。当然，这些游客是因为看见周围的人都在闯红灯才这么做的。如果某件事是流行的，如果每个人都在做这件事，又或者说如果我们被引导着去相信每个人都在做这件事，那么当我们做出相同的行为时，大脑边缘系统就会产生愉悦舒适的情绪，反之亦然。

尼科尔森指出，社会认同原则同样适用于亲密关系：

> 个体往往参照他人行为为自己的决策提供依据，尤其是当决策复杂、难以评估、选项不明朗时，挑选合适的伴侣便是这样的决策之一。基于此，人们在择偶时往往会青睐那些受欢迎的对象，而非考虑所有人，这就是所谓的择偶复制效应。幸运的是，你不必成为明星就可以发挥这种神奇的效应。例如，只需与一位有吸引力的朋友外出（人们可能误认为对方是你的约会对象），或者上传与这位朋友的合照至交友主页，那么你也将成为别人眼中的受欢迎者。

对于职业演讲家来说，社会认同原则意味着如果你能证明你的信息、想法、观点或提议是流行的、普遍的、受到广泛支持的，那么观众往往更乐于接受。商务演讲中常提及的"基准管理"或"最佳实践"便是运用该原则的体现。提供数据，向观众说明其他组织正在从事你想让观众所做之事，那么他们采取行动的可能性也将增加。

将影响力原则与记忆原则结合起来

运用影响力原则的同时，结合记忆原则，这将进一步加深观众记忆，扩大演讲影响力。基于观众需求赠送一些寓意积极、意想不到的小礼物，以激发互惠性；鼓励观众对你的提议作出承诺；让观众知道该提议是特别而稀缺的；引用可靠的数据来营造权威感；态度友好真诚，多多分享自己与观众的共同之处，适时给予赞扬，从而赢得观众喜欢。此外，记住当你在餐厅不知道点些什么时，经过培训的服务员往往会这么回答："嗯，这款汉堡卖得最好，是本店爆款。"

接着，搭建演讲结构。演讲开始时就应强调想让观众记住的内容（首因效应），重复关键信息（重复），穿插故事或演示（突出），进行提问或列举与观众息息相关的例子（自我关联），最后重复要点，并发出行动号召（近因效应）。

转化恐惧、掌握公共演讲的艺术还有最后一个秘诀，也是最重要的一个秘诀——准备演讲时摆脱以自我为中心。如何做？方法有很多，但最简单的便是形成一个意图，然后将其表达出来。这种方法有时也称祷告。选择一份最适合你的祷告词，然后在祷告词的暗示下，舍弃小我，肩负起更崇高的使命。

我最喜欢的祷告词出自《奇迹课程》（*A Course in Miracles*）一书：

若欲救治他人，也为救治自我，你大有可为；面对需要援助的境遇，请这么想：

> 我在这儿只为真正有帮助。
>
> 我在这儿是代表派遣我的那个人。
>
> 我不必担心该说什么或做什么，派遣我的那个人自会给我指引。
>
> 他希望我去的地方，我欣然前往，我知道他将与我同行。
>
> 当我向他学习救治之道时，我便会得到救治。

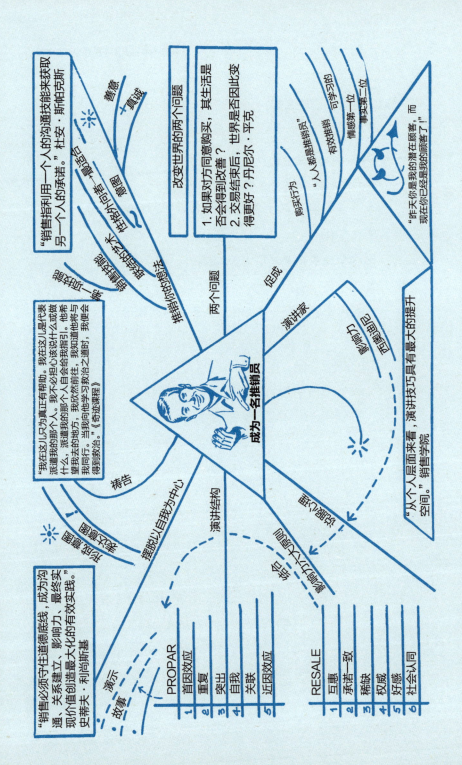

成为一名推销员

两个问题

改变世界的两个问题

1. 如果对方同意购买，其生活是否会得到改善？
2. 交易结束后，世界是否因此变得更好？丹尼尔·平克

推销

"销售指利用一个人的沟通技能来获取另一个人的承诺。"杜安·斯帕克斯

推销你的想法

善意
+ 真诚

最适合

推销术是一种性格的意图

恐惧

诽谤

摆脱以自我为中心

"我在这儿只为真正有帮助。我在这儿只是代表派遣我的那个人。我不必担心说出什么或做什么，派遣我的那个人自会给我指引。他将与我欣然前往。我依然知道他将与我欣然前往。当我向他学习救治之道时，我便会得到救治。"《奇迹课程》

影响大脑的六个原则

演讲家

"人都是推销员"

有效推销

情感第一位

事实第一位

购买行为

促成

西奥迪尼

影响力

恐惧

"从个人层面来看，演讲技巧是有最大的提升空间。"销售学院

"昨天你是我的潜在顾客，而现在你已经是我的顾客了！"

演讲结构

PROPAR
1. 首因效应
2. 重复
3. 突出
4. 自我
5. 关联
6. 近因效应

"销售必须守住道德底线，成为沟通、关系建立、最终实现价值创造最大化的有效实践基础。"史蒂夫·利萨斯基

演示
故事

RESALE
1. 互惠
2. 承诺一致
3. 稀缺
4. 权威
5. 好感
6. 社会认同

🎙 后记
大师的魔镜

大师有一块魔镜，每当大师照镜子时，总是会出现一名学生的形象，求知若渴，不计较犯错出丑，即使是在大师拥有无上荣耀的时刻。

——乔治·伦纳德（George Leonard）
《登峰造极：成功与获得长期成就感的关键》
（*Mastery: The Keys to Success and Long-Term Fulfillment*）

著名画家奥古斯特·雷诺阿（Auguste Renoir）于临终前完成了最后一幅作品。虽然雷诺阿饱受关节炎折磨，需把刷子绑在手上才能画画，但他从未停止过创作。在生命的最后几天里，他反省道："我想我对绘画又多了一些了解。"雷诺阿拥有真正的大师都拥有的品质——致力于终身学习。

在某一领域拥有的知识与经验越多，学起来就越容易。与此同时，随着知识与经验的积累，人们会愈发意识到还有很多东西要学。智者总是谦逊处事，原因便在于此。

无论演讲技艺有多纯熟，总存在进步的空间。你所发表或观看的每场演讲，都提供了学习的机会。此外，把握住每个练习时机，比如给朋友讲故事或笑话，向任何愿意聆听的人发表非正式演讲，加入演讲协会或演讲俱乐部，报名夜校的公共演讲课程等。

下面将分享一个神奇的技巧，助你快速取得进步。

实施高效能反馈方案

想想婴儿是如何学习的。他们满怀热情，充满好奇，汲取着周围的一切信息，一旦犯错，立刻就能将错误转换成学习经验，这就是为何孩子能在快速学习的同时不失自信。当你为演讲寻求反馈时，请养成这种高效能的学习态度。

你的演讲对观众产生了怎样的影响？如果情况允许，可以向观众发放评价表。为了获得更详细的反馈，也可以邀请信任的朋友或同事来参加演讲。精准到位的批评指正是你可以收到的最宝贵的礼物。最好是找一位和你一样致力于持续进步的朋友或同事，出席彼此演讲，或者观看彼此演讲的视频。然后约定会面时间，按照如下步骤交换反馈意见。

首先，请对方指出演讲需要改进的地方，提醒对方实话实说，具体直接地指明问题，并确保所提出的问题是可以解决的。而你要做的，便是认真听取，记好笔记。为了获得最真实的反馈，仅在希望对方进一步说明时插话，切勿试图解释或为自己辩护。接着，请对方指明演讲的优点。同样地，你只需认真聆听，不必给出回应，以充分了解自己演讲的长处。最后才是交流环节。与对方开展一次开放性、探索性、创造性的会话，讨论下次演讲可以做出哪些改变。

实践证明，以上的方法卓有成效。如果你能与一位观察敏锐的搭档严格按照上述步骤练习，那么你将对自己的演讲表现拥有深入的了解。此外，当你学着给对方提供反馈意见，你也会变得更具洞察力，对公共演讲的加减分项了然于心。

我的搭档是东尼·博赞先生，我们在一起任教多年，每堂课或每次主旨演讲结束后，我们都会按照这套高效能反馈方案，给予对方反馈意见。得益于此，我的演讲技能得到了明显提升。

实施高效能反馈方案在团队情境中的应用

高效能反馈方案在团队情境下依然适用。在我主持的演讲技巧研讨会上，我会把每个人的演讲录下来，用作事后评价反馈。由于参会者的演讲目的各不相同，开始前我会要求每个人阐明自己的演讲情境，并让剩余参会者扮演该情境中的观众，从目标受众的角度出发观看演讲并给予反馈。

我最近的一堂课上共有12名学员，他们来自纽约的一家建筑工程管理公司。其中6名学员正在练习销售演讲；剩下6名是公司的主管和领班，他们需要就公司最新制定的安全倡议向工地工人发表讲话。首先我邀请每位学员依次发表演讲，时间控制在5分钟内。待所有人演讲完毕后，休息片刻，接着观看回放视频，挨个点评。

先请每位学员对自己的演讲进行自我批评。虽然很多人对可改进之处的分析相当准确，但自我批评往往过于严苛。因此，我们需指导学员如何提出兼具批判性与鼓励性的自我反馈。当一位学员自我批评结束后，请班上其他学员对其不足之处给出反馈意见。同样地，我们也需教导学员如何提供最有用的反馈，帮助他们培养具体阐述而非泛泛而谈、侧重评论而非评估的技巧。具体阐述与评论往往比泛泛而谈或评估更具建设性。例如，与其告诉他人"你听起来优柔寡断，缺乏自信""你穿得像个邋遢鬼似的"，不如跟他说"你说了11次'你知道'""你的衬衫下摆没塞进裤子里，鞋面也没擦亮"。后者的反馈显然更具体也更有效。接收反馈者只需认真聆听，做好笔记，不必回应。

上述环节结束后，请每位学员对自己的演讲进行自我表扬。虽然大多数人自我批评有一套，但在发现并承认自己的优点上却略显笨拙。因此，我们还需要班上其他学员就其演讲出彩的地方给予反馈，真诚地表达欣赏之情。与上一环节类似，接收反馈者只需认真聆听，做好笔记，除说"谢谢"之外，无须回应。这一过程往往相当感人，因为有几名基层工作者从未收到过这样的公开赞赏。

　　了解演讲有哪些地方需要改进，这十分有益，但你会发觉，进行反馈最大的好处在于发现自己的强项。

　　随着课程的进行，学员开始意识到他们正在营造一个与众不同的工作环境，这个环境无条件地支持自我表达，旨在通过给予和接收反馈将各自最好的一面展现出来。分享反馈的环节结束后，我与学员就如何整理利用反馈、重新准备演讲开展了一次创造性的对话。接着，我留出一点时间给他们制作思维导图和排练。最后，我们对每位学员进行了第二次录影，如你所料，学员在第二次演讲时进步惊人。

　　以施工主管威尼（Vinnie）为例。曾有外部企业为威尼就职的建筑工程管理公司进行过安全培训，于是威尼在第一次演讲时，直接套用了外部企业的培训内容。威尼几乎每说一句话，就会出现"呃""啊"等填充词。此外，虽然他身高近1.9米，体重约260斤，但演讲时身体摇晃不定，显得紧张不安，大大削弱了气场。尽管如此，班上学员仍感受到威尼确实非常关心安全问题，关心员工的福祉。威尼收到的反馈大致是："请不要用力过猛，不妨分享自己的亲身经历。"

　　威尼听取建议，在第二次演讲时融入了自己的亲身经历。故事开始前，他做了片刻停顿，并与观众进行了深入的眼神交流，这立刻吸引了观众注意力。接着，他开始娓娓道来。威尼的父亲也曾是名施工主管，是威尼心目中的英雄。有一次，由于他人疏忽，父亲被重物击中，不幸终身残疾。威尼含着泪水讲述了这次事件对他的家庭所造成的影响，他表示，也正因此，自己才会如此注重施工现场的安全问题。在座的每个人都怔住了。威尼的故事直击人心，唤起了观众对落实新安全倡议的热情，而不再只是简单地服从规定。

我撰写此书的目的，便是唤起你对公共演讲的热情，同时分享一些实用的知识与方法，助你掌握公共演讲的艺术。

成为职业演讲家之前，我读过德国哲学家欧根·赫里格尔（Eugen Herrigel）所写的书，名为《学箭悟禅录》（*Zen in the Art of Archery*）。作者在书中详细记述了自己远赴日本学习弓道的经历，透过弓道，他终于领悟禅的真义。日本弓道中"无艺之艺""忘我之境"等概念听起来很酷，但究竟是什么意思呢？我并非真的对弓道感兴趣，只是被其中蕴含的人生智慧所吸引。书中另一段话伴随我多年："你可以从一片普通的竹叶身上学到该怎么做。竹叶在积雪的重压下越弯越低，突然积雪滑到地面，而在滑落之前竹叶并没有抖动。"

竹叶的故事与契克森米哈赖所描述的心流状态如出一辙。射手"处于最紧张的点上时应像竹叶那样待着，直到箭脱手而出"，而箭射出去的那一刻，射手甚至无知无觉。这种感觉正如在演讲时处于心流状态。当下的演讲仿若"积雪的重压"，但若准备正确，言语便可轻而易举地落入观众内心深处。

"被动接受、安逸舒适并非人生最美妙的时刻。"契克森米哈赖解释道，"一个人为了完成艰难却富于意义之事，自发地将体能与思想发挥到极限，这才是所谓的最佳体验。"若能把本书所介绍的8个秘诀付诸实践，你会发现，舞台上或会场中的演讲经历将构成你人生中最美妙的时刻。

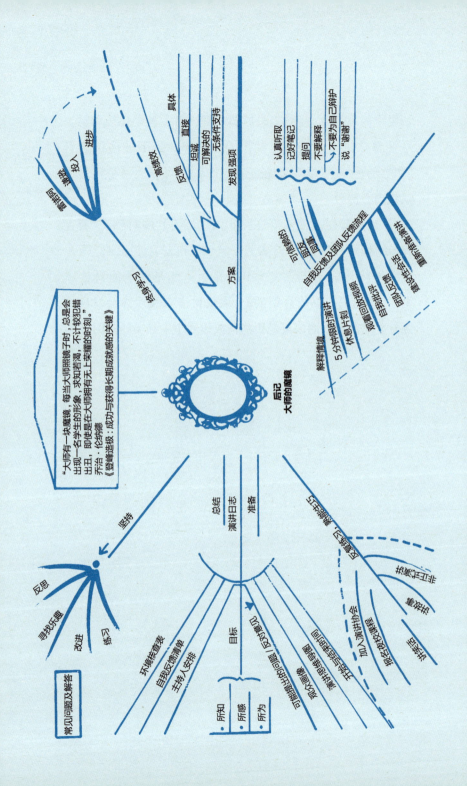

后记
大师的魔镜

🎤 常见问题及解答

问： 演讲中途大脑突然一片空白，我该怎么做？

答： 如果准备充分，一般不会出现这种状况。当然，即便做了最充分的准备，大脑偶尔还是会卡壳，处理方法是关键。当你忘记自己说到哪了，停顿片刻，深呼吸，镇定下来，整理思绪。如果还是没想起来，直接问观众："我刚刚说到哪了？"此时肯定会有观众回答。这种诚实与直接将增进你与观众的友好关系。

问： 我该花多长时间排练？

答： 没有规定的排练时间——排练到你觉得自信为止。尽快明确目标、构思内容、整理并熟悉演讲材料，这样你就可以留出更多的时间来尝试创新性的演讲方式。一旦得知自己将要发表演讲，随即准备起来，这是有效排练的关键。例如，我在写作此书时得知，大约两个月后，我要为一位重要的客户做演讲，是全新的演讲主题，目前尚不确定形式是线上还是线下，因此我正在做两手准备。我还没画好思维导图，仍在制作用于演示文稿的图片，但我已经开始设想如何与观众建立联系了。同时，我也一直在试验传递信息的不同手段。由于我每天都在尝试新点子，并与妻子分享我的想法，所以最后我能将演讲细节毫不费力地整合到一起。

问：临时安排上台演讲，我该怎么做？

答：明确目标后，借助思维导图构思观点、组织内容，然后练习思维导图记忆法。利用"秘诀7"介绍的方法，从罐头（CAN）里爬出来，给自己来一剂灵丹妙药。

问：现场都是比我年长的观众，我需要注意些什么？

答：记住既然有人邀请你来演讲，那肯定是有理由的。一般而言，越年长的人越欣赏有礼有节、不卑不亢者，因此绝不要为自己的到场而抱歉。请确保衣着整洁得体。如有必要，想象一下每位观众在其小学一年级班级合照中是什么样子。

问：由于某些不可控因素，现场环境并不利好（如太热、太闷、光线暗等），我该怎么做？

答：如果环境条件不利，你也无法改变，那就用一种轻松愉悦的方式承认这一点，并增加中场休息次数。

问：演讲者最常犯的错误有哪些？

答：准备不充分、分子爱抚、道歉、说话声音一成不变、演讲时间过长、过度推销（观众已经被你说服，但你没有意识到，仍继续推销自己的观点，而非达成交易）等。

问： 遇到难对付的观众，我该怎么办？

答： 大多数难对付的人之所以难对付，是因为他们自身存在问题，而与你或你的演讲无关。有的观众喜欢卖弄知识，有的观众早上可能遭遇堵车了，有的观众也许消化不良，当然也不排除确实有人对演讲某些方面存在不满。上述问题有多种表现形式，如胡乱翻动纸张，发出噪声，或是提一些无意义或带有敌意的问题。遇到这种情况，最好的应对方式是别往心里去。

处理带有敌意的问题时，仔细听，找出你能认同之处，不要反驳对方。你会发现，越善于与提问者共情，越容易缓和局面。即使你确信自己有足够的知识储备"击败"对方，也绝不要挑起战争，否则你很可能赢了战争却输了观众。只要你与观众保持友好的关系，他们就会进行有效的自我管理，不会容忍一个心怀不满的成员破坏演讲。

美国单口喜剧演员杰瑞·宋飞为应对这类观众提供了睿智的建议：

> 早年工作时，我突发奇想，想成为一名"诘问疗愈师"。因此，每当人们说些不怀好意的话，我立刻深表同情，尽力帮其解决问题，尽力弄明白是什么让他们不爽，尽力理解他们的愤怒，这形成了我个人特有的喜剧表演形式……我避免与对方发生争执，相反，我会说："你看起来好像很不高兴，我知道这并非你的

本意，让我们来谈谈你的问题吧。"我选择了站在观众这边，而非其对立面，这样的回答方式往往会令他们感到有趣，而且也迷惑了提问者。

最后记住，如果你准备充分，演讲时散发自信、展现权威，那么此类状况的发生概率非常低。

问：如何回答观众提问？

答：尊重每一位提问者，仔细分析问题的实质是什么，确保所有观众都能听到问题，如有必要，重复一遍。回答之前，停顿片刻加以思考，回答时，简洁明了。如果你不知道答案，可以询问在场观众；很多时候就算你知道答案，但为了鼓励观众参与进来，也可以这么做。另一种方法是直接承认"我不知道"，补充说明自己会去寻找答案，并在未来某个时刻给出。注意就算不知道答案，说话时也需保持权威性。

问：我应该使用幽默吗？

答：绝对不要使用幽默。当然这是个玩笑！笑声会促进人体内啡肽的分泌，化解压力，营造轻松愉悦的现场氛围。培养适当的幽默感，避免过于严肃。如果你想开个玩笑，提前练习，注意开玩笑的时机，并确保它与你想让观众记住的内容有关。

问：提高演讲技巧会对我生活的其他方面产生怎样的影响？

答：掌握公共演讲的艺术有助于自我实现。当你学着积极主动地寻求反馈，学着转化恐惧、化解不安、摆脱习惯的束缚时，你便开始放下自我。

你将获得对自身及他人的本性的深刻见解，这些见解有助于提升你的领导力和人际交往能力，增强自信，塑造优雅仪态，培养强大气场。

问：如何进一步学习亚历山大技巧？

答：学习亚历山大技巧的效果较好的方式是报名参加专业培训师的私教课。大多数培训师会向你推荐一套基础课程，至少包含30节课，每节课时长通常为35~45分钟。亚历山大技巧是转化恐惧、加速职业发展强有力的武器。

问：如何进行团队演讲？

答：当我还是一名职业杂耍演员时，我被要求"总是让你的搭档看起来不错"。在一部导演精良、表现出色的作品中，你会发现表演团队的站位总是确定好了的，主要人物站在中心位置，次要人物让位主演，从而引导观众注意力集中在主演身上。团队演讲同样适用于以上原则，尤其是商务团队演讲。

团队演讲情况下，客户会对成员间的互动进行评估。

其中一位成员正在演讲时，站在台前的剩余成员如果能表现出自己正在认真聆听的样子，就会给观众留下十分不错的印象。这是因为当观众观察到表达兴趣的肢体语言时（如挺拔的身姿、表示肯定地点头等），他们会在镜像神经元的作用下做出相同的反应。但如果贵公司首席执行官在首席营销官发言时，查看邮件、四处张望或表现出一副没精打采的样子，那将造成非常不利的影响。此外，注意变换主讲人的过程，有没有遇到过差点相撞的尴尬瞬间？若想实现优雅换场，记住一个简单的原则：结束演讲者让位于下一位演讲者。所有商业演讲皆为舞台演讲，因此"总是让你的搭档看起来不错"，并排练进退场顺序，当然还包括中间所有环节。

这一原则同样适用于会议演讲。你可以根据日程安排，事先了解上一位演讲者及其演讲内容，从而将某些观点联系到自己的演讲中来。你也可以为下一位演讲者制造些悬念，激发观众的兴趣和期待，这种做法既利于结交朋友，也容易获得会议赞助商的青睐。

问：自您入行以来，公共演讲界发生了哪些变化？

答：注意力持续时间缩短，着装随意化，观众国际化、多元化，透镜式投影仪逐渐淘汰。此外，我们正迎来网络演讲的时代。美国情景喜剧《生活大爆炸》（*The Big Bang Theory*）第四季第二集中，谢尔顿·库珀（Sheldon Cooper）以他自己发明的移动虚拟化身设备出现。这台设备，或者也可以称之为谢尔顿化身，穿着谢尔顿的衬衫，配备网络摄像头、扬声器、平板显示器及可移动平台。谢尔顿患有洁癖，有了"化身"，他便能在安全无菌的地方与朋友交流互动，免受生活中可能出现的危险。这一集播出的时间是2010年，当时我就在想，用不了多久类似的设备就会出现在各大会议上。2018年，我在美国奇点大学❶主办的指数医学会议上发表主旨演讲，同为演讲者的美国未来学家、《机器之心》(*The Age of Spiritual Machines*)作者雷·库兹韦尔(Ray Kurzweil)便通过虚拟化身的形式，与现场八百名观众进行互动。

问：网络演讲会带来哪些挑战？

答：最近几年，我开办了多场网络研讨会，也进行了很多次线上主旨演讲，我认为最大的挑战是观察观众的反应变得更困难了。大型网络会议中，大部分观众都关着摄像头，把自己静音，所以很难知道他们是否被我开的玩笑逗笑了，是否在点头赞成我的观点。当然，若他们在打瞌睡、查看邮件或做其他事情，我也无从得知。另一个挑战是技术问题。诸如放映幻灯片或安排分组讨论等操作方法，需要多加练习才能掌握。我可以十分有把握地说，网络演讲情况下，

---

❶　奇点大学由谷歌公司与美国国家航空航天局联合创办，是一所致力于培养未来科学家的学校。——译者注

本书中涉及的所有内容将变得更加重要。

问： 演讲职业生涯中，您犯过的最大错误是什么？

答： 1978年，我在英国为一群投资银行家做演讲，那是我第一场有偿演讲，但也正是在这场演讲中，我犯了最大的错误。当时我掉以轻心了，没做好恰当准备。过后我便发誓，这样的情况绝不会再出现第二次。幸运的是，确实没有再出现。自从那时起，我的大多数演讲都取得了不错的反响，因为我的每次演讲，都应用了本书中涵盖的所有内容。回顾多年来收到的反馈，我意识到当时失败的原因在于我犯了分子爱抚的错误，完全沉浸在对某个主题的热情之中，而忽略了观众的感受，未能与之共情。正如莎士比亚所言，这大概就是"自食其果"吧！

 **参考文献**

引言　公共演讲：第一大恐惧，第一项技能

[1] *"Invest in yourself "*: Catherine Clifford, "Billionaire Warren Buffett: This Is the 'One Easy Way' to Increase Your Worth by 'At Least' 50 Percent," CNBC.com, December 5, 2018, https://www.cnbc.com/2018/12/05/warren-buffett-how-to-increase-your-worth-by-50-percent.html.

[2] *"Bureaucracy defends the status quo"*: Laurence J. Peter, *Peter's Quotations: Ideas for Our Time* (New York: Collins Reference,1977), 83. See also Rodd Wagner, "New Evidence the Peter Principle is Real — And What to Do about It," *Forbes*, April 10,2018, https:// www.forbes.com/sites/roddwagner/2018/04/10/new-evidence-the-peter-principle-is-real-and-what-to-do-about-it/#52658d281809.

[3] *"My devotion to continuous improvement of my communication"*: personal communication with the author, circa 1988.

[4] *"If you have ever thought that you would rather die"*: Kaya Burgess, "Speaking in Public is Worse Than Death for Most," *Times of London*, science section, October 30, 2013, https://www.thetimes.co.uk/article/speaking-in-public-is-worse-than-death-for-most-5l2bvqlmbnt.

[5] *Many surveys rank public speaking*: Christopher Ingraham, "America's Top Fears: Public Speaking, Heights, and Bugs", *Washington Post*, October 30, 2014, https://www. washingtonpost.com/news/wonk/wp/2014/10/30/clowns-are- twice-as-scary-

to-democrats-as-they-are-to-republicans. See also Karen Kangas Dwyer and Marlina M. Davidson, "Is Public Speaking Really More Feared Than Death?" *Communication Research Reports* 29, no. 2 (2012):99–107, https://www.tandfonline.com/doi/ full/ 10.1080/08824096.2012.667772?scroll=top&needAccess=true.

[6] *"When faced with standing up in front of a group"*: Glenn Croston, "The Thing We Fear More Than Death," *Psychology Today*, November 29, 2012, https://www.psychologytoday.com/ us/blog/the-real-story-risk/201211/the-thing-we-fear-more-death.

[7] *Gordon Goodman, a successful actor and singer*: Andrew Salomon, "Study Shows Stage Fright is Common Among Working Actors," *Backstage*, September 21, 2011, https:// www.backstage.com/magazine/article/study-shows-stage-fright-common-among-working-actors-60640.

[8] *"What Gandhi thinks, what he feels"*: Desai, quoted in Eknath Easwaran, *Gandhi the Man: How One Man Changed Himself to Change the World*, 4th ed. (Tomales, CA: Nilgiri Press, 2011), 114.

[9] *We don't develop or increase our authenticity*: Jennifer Beer, "The Inconvenient Truth about Your Authentic Self," *Scientific American*(blog), March 5, 2020, https://blogs.scientificamerican. com/observations/the-inconvenient-truth-about-your-authentic-self.

[10] *"These are my new shoes"*: Charles Barkley, television commercial for Nike, YouTube video, https://www.youtube. com/watch?v=ev2kYHXma5I.

[11] *In his classic* On Becoming a Leader: Warren Bennis, *On Becoming a Leader*, 4th ed. (New York: Basic Books, 2009).

秘诀1　进入心流状态，像专业人士一样思考

[1]　*what psychologist Mihály Csíkszentmihályi describes as* flow: Mihály Csíkszentmihályi *Flow: The Psychology of Optimal Experience*(New York: Harper Perennial, 2008).

[2]　*"The brain doesn't pay attention to boring things"*: John Medina,*Brain Rules: 12 Principles for Surviving and Thriving at Work,Home, and School* (Seattle: Pear Press 2009), 93.

[3]　*"learning to write is like negotiating an obstacle course in boot camp"*:Steven Pinker, *The Sense of Style: The Thinking Person's Guide to Writing in the 21st Century* (New York: Penguin, 2015), 12.

秘诀2　与观众共情

[1]　*for most people that's the limit*: George A. Miller, "The Magical Number Seven, Plus or Minus Two: Some Limits on Our Capacity for Processing Information," *Psychological Review* 101,no. 2 (1956): 343–52.

[2]　*Shor liked to conduct informal market research by pretending*: Harvey Mackay's webpage, accessed April 23, 2020, https:// harvey mackay.com.

[3]　*"Think like a wise man but communicate in the language of the people"*: W. B. Yeats, quote on the cover of *W. B. Yeats, The Short Stories* (Miniature Masterpieces, 2013).

[4]　*"the curse of knowledge"*: Steven Pinker, *The Sense of Style: The Thinking Person's Guide to Writing in the 21st Century* (New York:Penguin, 2015), 63.

[5]　*"It's no secret that the founders of start-ups"*: Keith McFarland, "The Psychology of Success," *Inc.*, November 1, 2005,

https://www.inc.com/magazine/20051101/spotlight-psychology.html.

[6]   *like writing a love letter and addressing it to Occupant*: Based on a witticism widely attributed to AT&T presentation research manager Ken Haemer, who used the punchline "To Whom It May Concern."

秘诀3   使用思维导图

[1]   *"I was exposed to various alternative note-taking modalities"*:Stephanie Cesario, personal communication with the author,February 14, 2020.

秘诀4   利用记忆原则（PROPAR）加深观众记忆

[1]   *Psychologists call this the* primacy effect: *APA Dictionary of Psychology*, s.v. "primacy effect," accessed April 23, 2020,https://dictionary.apa.org/primacy-effects.

[2]   *"I knew the truth — perhaps I alone"*: Neil LaBute, "Rabbit Candle," Significant Objects, December 1, 2009, http://significantobjects.com/2009/12/01/rabbit-candle.

[3]   *"My experiments show that character-driven stories"*: Paul J. Zak, "Why Your Brain Loves Good Storytelling," *Harvard Business Review*, October 28, 2014, https://hbr.org/2014/10/why-your-brain-loves-good-storytelling.

[4]   *The Recency Effect*: *APA Dictionary of Psychology*, s.v. "regency effect," accessed April 23, 2020, https://dictionary.apa.org/recency-effect. See also Peter Russell, *The Brain Book: Know Your Own Mind and How to Use It* (Oxfordshire, UK: Routledge:

2010).

[5] *"Great is the art of beginning"*: Henry Wadsworth Longfellow, "Elegiac Verse," from *In the Harbor* (New York: Houghton Mifflin,1882); available at https://www.hwlongfellow.org/poems_poem.php?pid=310.

[6] *"The biggest laugh has to be at the end"*: Jonah Weiner, "Jerry Seinfeld Intends to Die Standing Up," *New York Times Magazine*(video), December 23, 2012.

秘诀5　所有演讲，皆为秀场

[1] *"The medium is the message"*: Marshall McLuhan introduced this iconic phrase in his book *Understanding Media: The Extensions of Man* (1964; repr., MIT Press, 1994), 8.

[2] *"The room is doing 80 percent of the job"*: Jerry Seinfeld, "Jerry Seinfeld, NBA," *ESPN Radio* (podcast), http://www.espn.com/espnradio/play/_/id/13010973.

[3] *Master of Mind Mapping*: Brian Weller, personal communication with the author, April 20, 2020.

[4] *what psychologists call the "reminiscence effect"*: Peter Russell, *The Brain Book: Know Your Own Mind and How to Use It* (Oxfordshire,Eng.: Routledge: 1986), 85–86.

秘诀6　利用语言的力量

[1] *"I am about to — or I am going to — die"*: "Last Words of Real People," Bailly to Burbank section, website, http://www.sanftleben.com/Last%20Words/lastwords-r-b.html.

[2] *"The first man who compared a woman to a rose"*: Though widely

attributed to Gérard de Nerval, this quote has also been attributed to Voltaire and Salvador Dalí.

[3]　*"All writing is a campaign"*: Martin Amis, "Battling Banality," The Guardian, March 24, 2001, https://www.theguardian.com/ books/2001/mar/24/artsandhumanities.highereducation.

[4]　*"I don't know and I don't care"*: William Safire, *On Language*(New York: Times Books, 1980), 151.

[5]　*"So what? Why should I care about what you're saying?"*: Tammy Gales, personal communication with the author, February 14, 2020.

[6]　*"What we need now is some new, fresh clichés"*: Samuel Goldwyn, as quoted in George Tifflin, *All The Best Lines: An Informal History of the Movies in Quotes, Notes, and Anecdotes* (London: Head of Zeus, 2014); see also "At the End of the Day, Clichés Can Be as Good as Gold," *Talk of the Nation*, NPR, podcast audio, December 27, 2012, https://www.npr. org/2012/12/27/168149099/at-the-end-of-the-day-cliches- can-be-as-good-as-gold.

[7]　*"If you do it thoughtfully"*: Tammy Gales, personal communication with the author, February 14, 2020.

[8]　*"There is no mode of action, no form of emotion"*: Oscar Wilde, "The Critic as Artist," in *Oscar Wilde: The Major Works* (New York:Oxford World Classics, 2008), 256.

[9]　*"We can shape events in each other's brains"*: Steven Pinker, *The Language Instinct: How the Mind Creates Language* (William Morrow, 1994; repr., New York: Harper Perennial, 2001), 1.

[10]　*"A man with a scant vocabulary"*: Henry Hazlitt, *The Wisdom of*

Henry Hazlitt, ed. Hans F. Sennholz (Irvington-on-Hudson, NY:The Foundation for Economic Education, 1993), 51.

[11]　*"In 523 words"*: Greg Hall, "Elizabeth II's Finest Hour," *The Article*, April 6, 2020, https://www.thearticle.com/elizabeth-iis-finest-hour.

[12]　*"The most important thing is to read"*: J. K. Rowling, online interview, *Scholastic*, February 3, 2000, https://www.scholastic.com/teachers/articles/teaching-content/jk-rowling-interview.

[13]　*"A good vocabulary is not acquired by reading books"*: *The Letters of J. R. R. Tolkien*, ed. Humphrey Carpenter, (Boston: Mariner Books, 2000), xvi.

秘诀7　训练你的肢体语言

[1]　*"Humans and other animals express power"*: Dan R. Carney, Amy J. C. Cuddy, and Andy J. Yap, "Power Posing: Brief Nonverbal Displays Affect Neuroendocrine Levels and Risk Tolerance," *Psychological Science* 21, no. 10 (2010): 1363–68, https://www.ncbi.nlm.nih.gov/pubmed/20855902. Watch Cuddy's TED Talk,which has received more than 56 million views, here: https://www.ted.com/talks/amy_cuddy_your_body_language_may_shape_who_you_are. This talk sparked significant criticism.You can read her response at Davis Biello, "Inside the Debate about Power Posing: A Q & A with Amy Cuddy," Ideas.TED.com, February 22, 2017, https://ideas.ted.com/inside-the-debate-about-power-posing-a-q-a-with-amy-cuddy.

[2]　*In a study entitled "Attracting Assault"*: Betty Grayson and

Morris I. Stein, "Attracting Assault: Victims' Nonverbal Cues," *Journal of Communication* 31, no. 1 (1981): 68–75, https://academic.oup.com/joc/article-abstract/31/1/68/4371 921?redirectedFrom=fulltext. See also Carol Krucoff, "YOU: Sending Out Messages of Muggability?," *The Washington Post*, December 9, 1980, https://www.washingtonpost.com/ archive/lifestyle/1980/12/09/you-sending-out-messages-of-muggability/c4ad2149–474e-446a-bf3b-3d90f b18b89e.

[3] *"We join spokes together in a wheel"*: Lao Tzu, *Tao Te Ching: A New English Version*, trans. Stephen Mitchell (New York: Harper & Row, 1998), 11.

[4] *"For one audience, the pause will be short"*: Mark Twain, *Autobiography of Mark Twain*, vol. 3 (Oakland, CA: University of California Press, 2015), 170.

[5] *"a means for changing stereotyped response patterns"*: Frank Jones, "Method for Changing Stereotyped Response Patterns by the Inhibition of Certain Postural Sets," *Psychological Review* 3 (May 1965), 9.

[6] *"a method for expanding consciousness"*: Frank Pierce Jones, *Body Awareness in Action: A Study of the Alexander Technique* (New York: Schocken, 1976), 2.

[7] *"the method for keeping your eye on the ball applied to life"*: Leo Stein in Jones, *Body Awareness in Action*, 48.

[8] *"My daily practice of the Balanced Resting State"*: Deborah Domanski, personal communication with the author, April 11, 2020. Note: Domanski is my wife. I listen to her exquisite singing every day. I also get to hear the improvement in her

students' voices.

[9] *laughter is one of the best ways*: "Social Laughter Releases Endorphins in the Brain," *Science Daily*, June 1, 2007, https://www.sciencedaily.com/releases/2017/06/170601124121.htm.

[10] *Listening to the Music You Love*: Laura Ferreri et al., "Dopamine Modulates the Reward Experiences Elicited by Music," *PNAS* 116, no. 9 (2019): 3793–798; https://www.pnas.org/content/116/9/3793.

[11] *The scents of lavender and vanilla*: "10 Natural Way to Release Endorphins Instantly," *Reader's Digest*, https://www.rd.com/health/wellness/natural-endorphin-boosters.

[12] *Anticipating celebration raises dopamine levels*: Thai Nguyen, "Hacking into Your Happy Chemicals: Dopamine, Serotonin,Endorphins and Oxytocin," *HuffPost*, October 20 2013, updated December 6, 2017, https://www.huffpost.com/entry/hacking-into-your-happy-c_b_6007660.

[13] *"These simple practices can help you gain control"*: Eve Selhub,personal communication with the author, March 13, 2020.

[14] *Karsenty explains that our bones release the hormone osteocalcin:*Gerard Karsenty et al., "Mediation of the Acute Stress Response by the Skeleton," *Cell Metabolism* 30, no. 5 (2013), https://www.cell.com/cell-metabolism/fulltext/S1550-4131(19)30441–3.

秘诀8　成为一位推销员

[1] *"Sales scams are as old as humanity"*: Better Business Bureau, "Sales Scams," https://www.bbb.org/pacific-southwest/get-

consumer-help/top-scams/sales-scams.

[2] *"I was lucky enough to find someone who believed in me"*: Jeff Kriendler, "Frank W. Abagnale: Pan Am's Great Imposter," in *Pan Am: Personal Tributes to a Global Aviation Pioneer*, ed. Jeff Kriendler and James Patrick Baldwin (San Francisco: Pan Am Historical Foundation, 2017), 78. https://www.abagnale.com/ pdf/KriendlerAbagnale.pdf.

[3] *"Be sure. . . that you can answer two questions"*: Daniel H. Pink, *To Sell Is Human: The Surprising Truth about Moving Others* (New York: Riverhead, 2012), 228.

[4] *"Sales must be the ultimate ethical"*: Steve Lishansky, personal communication with the author, March 13, 2020.

[5] *"Maybe you don't hold the title of salesperson"*: Zig Ziglar, "Everyone Sells," *Success*, May 12, 2009, https://www. success.com/everyone-sells.

[6] *"Physicians sell patients on a remedy"*: Pink, *To Sell Is Human*, 19.

[7] *"the use of one person's communication skills"*: Duane Sparks, personal communication with the author, March 13, 2020.

[8] *"For years, our most successful partners"*: Chris Hillmann, personal communication with the author, April 2, 2020.

[9] *"Most people, even many within the world of formal sales"*: Sparks, personal communication, March 13, 2020.

[10] *He's discovered that although most people believe*: Robert B. Cialdini, *Influence: The Psychology of Persuasion* (1984; repr., New York: Harper Business, 2006).

[11] *"It is the spread of the good things"*: Nicholas A. Christakis, TED Talk, "The Hidden Influence of Social Networks" May 10,

2010,available at https://www.youtube.com/watch?v=2U-tOghblfE.

[12] *"On the one hand, seeming too eager might be taken"*: Jeremy Nicholson, personal communication with the author, February 14, 2020.

[13] *"evolutionary adaptation, the need to figure out"*: Nalini Ambady and Robert Rosenthal, "Half a Minute: Predicting Teacher Evaluations from Thin Slices of Nonverbal Behavior and Physical Attractiveness," *Journal of Personality and Social Psychology* 64,no.3 (1993): 431–41.

[14] *"Individuals tend to look at what other people are doing"*: Nicholson,personal communication, February 14, 2020.

[15] *"You can do much on behalf of your own healing"*: *A Course in Miracles*,ed. Helen Schucman, Bill Thetford, and Kenneth Wapnick(New York: Foundation for Inner Peace, 1976), 28.

后记　大师的魔镜

[1] *"In the master's secret mirror"*: George Leonard, *Mastery: The Keys to Success and Long-Term Fulfillment* (New York: Plume, 1992),176.

[2] *"I think I'm beginning to understand something about painting"*: "Renoir Art Lesson — Biography and Activities," *Liberty Hill House* (blog), October 9, 2015, http://www.libertyhillhouse.com/2015/10/09/renoir-art-lesson-biography-activities.

[3] *"You can learn from an ordinary bamboo leaf"*: Eugen Herrigel, *Zen in the Art of Archery*, trans. R. F. C. Hull (1953; repr.,Vigeo

Press,2018), 48.

[4]   *"must fall from the archer"* : Ibid.

[5]   *"The best moments in our lives are not the passive"*: Mihály Csíkszentmihályi *Flow: The Psychology of Optimal Experience*(New York: Harper Perennial, 2008), 3.

常见问题及解答

[1]   *"Very early on in my career, I hit upon this idea"*: Sean Davis, "Jerry Seinfeld Explains the Perfect Way to Handle Donald Trump," *The Federalist*, September 10, 2015, https://thefederalist.com/2015/09/10/jerry-seinfeld-explains-the-perfect-way-to-handle-donald-trump.